本橋信宏

心を開かせる技術

AV女優から元赤軍派議長まで

GS
幻冬舎新書
034

はじめに

話し終えた男は、数時間前の沈痛な面持ちから遠ざかり、清冽《せいれつ》な表情を浮かべています。

元アイドルだった彼が数十年たったいま、心を開き、封印してきた過去を初めて告白した瞬間でした。

人間が言葉を紡ぎ出すと、個性となって結実し、話を聞き終えた私は言いようのない重さを両肩に背負っています。

ドストエフスキーの長編を読破したような重さと言ってもいいでしょう。

どんな人間にもドラマはあり、それを聞き出すのが、私の仕事のひとつです。

財務省エリート官僚、カリスマキャバクラ嬢、大臣経験者、８００名以上のＡＶ女優、大塚の人妻ホテトル嬢、ＳＭ女王様、50億借金プロデューサーに、超売れっ子ＡＶ監督、ホスト王、元ジャニーズタレント、ブント議長に元赤軍派議長、中核派系全学連委員長、民族派活動家、弁護士、ホテルマン、会社経営者、東大教授、精神科医、ドラッグ売人、風俗店経営者、消費者金融取り立て屋・臓器切り取り王、青春ドラマ出演者、作詞家、スキャンダル女優、消えた名優、超有名TVプロデューサー……。

私が話を聞き出してきた彼や彼女は、皆、話芸とでも言うべき個性があり、人を引き付ける魅力がありました。

なかなか表に出てこない相手にインタビューの了承を取り付けて話を聞き出すからには、何か秘訣といったものがあるはずだと、聞かれるときもあります。

私は幼いころから人見知りが激しく、思春期から青年期にかけて、異性とまともに口がきけず、はにかみやで、いまでも家でおとなしく本を読んでいるほうが落ち着く内気な人間です。謙遜して言っているのでもなく、シャレで言っているのでもなく、他に言いようがないのです。

そんな私ですが、どういうわけか強面《こわもて》の人間や、誰もが腰が引けて話を聞き出せないでいる人物に対し、長時間に及ぶインタビューをやってきました。

他者の心を開かせるコツ、というものを私が持っているとしたら、それは私のコンプレックスから派生したものだ、と言えるでしょう。

それが本書のひとつのテーマになっています。

超能力は、一切信じない私ですが、ただひとつ、それに近いものが存在するのは否定しません。

他人を真底感動させたり、死を考えていた人間を思いとどまらせることもできる、人間が生み出した最も素晴らしいツール。

それは言葉です。

思えば私は、言葉の海をずっと泳いできました。

口べただった私が何故に、言葉の大海を泳ぎきろうとしたのか、それがまた多くの人間から貴重な話を聞き出せたひとつの解答になっています。

本書は、私の体験をもとに構築した、新しいコミュニケーション論です。

他者との交流をもっと円滑にしたいと思っている人。

インタビューを成功させるには何が必要なのか、模索している人。

異性の心をつかみたいと思っている人。

会話が苦手だと思い込んでいる人。

人間関係を取り結ぶのが重荷だと思っている人。

相手の真意を探りたい人。

この本は、そういった人たちの心強い味方になるはずです。

なお、文章の流れを尊重すべく、本書に登場する人物名は敬称略としました。あしからずご了承ください。

心を開かせる技術／目次

第一章

人見知りで口べたこそが最大のコミュニケーション

す。

まともに異性と話せなかった青年期

私の主な創作活動は、ノンフィクション、小説、エッセイ、インタビュー、といったものです。

インターネットで私のプロフィールをのぞいてみると、「アングラ・アダルト業界を執筆する作家」「政治思想からサブカルチャーまで幅広い分野で文筆活動を行う小説家・評論家。反体制運動やアダルトビデオ、裏本に関する著作や評論で知られる」といった記述になっています。

私に会いに来る編集者も、アンダーグラウンドの世界や強面の人間たちへの切り込み取材を得意とする人物、という印象を持っているようです。

ところが、私の口から、「初対面の人間と会うのは億劫《おっくう》です」「一日3人の人間と顔見知りになれ、とこの業界では言われていますが、僕は部屋で本を読んでいるほうが好きです」ということを聞かされると、編集者は意外そうな顔になります。

多くの人たちと出逢ってきました。

彼らや彼女たちは、エキセントリックで世間から敬遠されている人たちであったり、表にめったに顔を出さない人たちであったりしました。

「よくああいう怖い人物から話が聞き出せましたね」

と、人から感心されたりしますが、実際に私と会ってみると、私がスクープを連発するような、ぎらぎらした男ではない、ごく普通の男だと感じるはずです。

人間と会うのが楽しくて仕方がない。

きょうはどんな人間と会えるのかと思っただけで胸が躍る。

そんな社交的な人がうらやましくて仕方がありません。

私は自分がどんなふうに他人の目に映っているか気になる小心者で、どうも自分に自信が持てずに生きてきました。

たとえて言えば、こんな感じです。

普段食べているカレーライスは、〝辛い〟という味が前提としてありますが、私が感じている〝辛い〟という味覚は果たして他人と同じ感覚なのだろうか、という疑念があるのです。

私が感じている味覚は、他人の味覚とは異なるものではないだろうか。

この他人との差異は幼いころからずっと私につきまとう感覚でした。

だから他人の生活が気になります。

自分に自信がないものだから、自分の日々に比べて他人の半生はどうなのだろうかと、すりあわせてみたくなるのです。

大学生のころ、友人のアパートに泊まらせてもらったとき、押し入れに保存してあるアルバムを引っ張り出して開いて見ることが、何よりの楽しみでした。

哲学者ぶっている男でも、小中学校のころは、やんちゃな少年だったり、高校生のころは異性を意識してか肩まで髪を伸ばしていたり、アルバムにはその人の歴史が刻まれています。

新聞に、新刊広告が載っているとき、「自伝的長編小説」と書かれていると、読まずにはいられなくなるし、日本独特の私小説も好きです。

自分はこんな毎日を送ってきたけれど、他人はどんな毎日を送っているのだろうか。私が悩んでいることは、他人も悩んできたのだろうか。スランプに陥ったとき、あの人はどうしてきたのだろうか。

私は22歳まで異性とまともに口がきけない人間でした。

小学3年生のとき、体育の授業でフォークダンスを習ったのですが、たまたまペアを組んだ女子が、私と同じく学級委員をしていた子でした。

まわりは、学級委員同士のペアなものだから、冷やかします。意識するなというほうが無理で、フォークダンスの音楽が流れる間、一度も彼女と手をつながずにいました。

授業が終わるころ、教師が私の前に立って、「なんで手をつながないんだ」と、げんこつでゴツン。

輪の外に連れていかれ立たされてしまいました。女子も同じく立たされてしまいます。私が不甲斐ないばかりに、女子の学級委員にまで迷惑をかけてしまった。罪の意識と恥ずかしさで、気を失いかけたほどです。

中学を卒業して入学したのが、埼玉県立川越高校という、学区内の生徒会長が全員集合したような学校でした。問題だったのは、男子校で、女子がひとりもいなかったという現実です。いまでは「ウォーターボーイズ」ですっかり有名になった川越高校ですが、当時は校外でナンパするような発展的な男子はほとんどいませんでした。

高校時代に異性と話をするチャンスに恵まれず、進学した早稲田大学でも、本来なら大学デビューと称して異性との交際に目覚めるのでしょうが、口がきけたためしがなかった。いまでも苦い思い出なのは、大学1年のときにつきあった大森に住む同い年の短大生のことです。初めてつきあう女性でしたが、どう接していいのかわからず、表参道でお茶を飲み、無駄話をしてから彼女を送っていったものです。

つきあって3ヶ月ほどして、彼女のほうから言い出してきました。

「わたしたち、つきあってるんだから手をつないでもいいんじゃない」

18歳の短大生が勇気を振り絞って言ってくれたことで、やっと表参道で手をつないで歩くことができました。

それでもどうやって彼女とつきあっていったらいいのか、よくわからず、自然消滅していったのです。

大学2年の冬、東洋英和女学院大学の1年生たちとささやかなクリスマスパーティーを開きました。場所は友人の暮らす江古田のアパートで、そこに3人の東洋英和の子たちがやってきました。私はそのなかのひとり、キャンディーズのスーちゃんに似ている子がずっと好きだったので、夢のような一幕になるはずでした。

畳に彼女が座ります。

夢にまで見た恋する女子との接近です。

胸が高鳴ってきます。

すると、私はどうしたか。

電車内で読んでいたスポニチをとりだして、読み始めたのです。彼女とどんな話をしたらいいのかわからず、自己防衛本能でついよけいなことをしてしまったのでしょう。

東洋英和の子たちは呆《あき》れ顔でした。

大学4年の夏、日本女子大の1年生と車で狭山湖までドライブしたときのことです。さすがに4年生ともなると、私でも誘うことができるようになっていました。相手は大人びた妖艶《ようえん》な女子大生です。

狭山湖の湖水に陽が沈み、あたりは徐々に暗くなっていきます。助手席の彼女と私は、いつまでも湖水をながめていました。こういうとき、10組の男女がいたら、10組とも唇を重ねているることでしょう。ところが私は、いつ彼女の肩を抱き、唇をふさいだらいいのか、タイミングがわからず、無駄な時間を費やすだけでした。それに、いざそうなったとき、がらりと変わるであろう、ふたりの間の空気というのが、私にはなんだか恐かったのです。人間が動物的になる瞬間というのが、嫌な気がしたのです。

深夜、何も起こらないまま、私たちは湖から離れ、帰宅したのでした。

行動は性格によって規定されるものではない

1974年秋、「文藝春秋」に立花隆「田中角栄研究」と、児玉隆也「淋しき越山会の女王」の2編が掲載されたことがきっかけで、時の田中角栄内閣は醜聞に見舞われ倒れました。

将来は何か文章を書いて食っていきたい、という願望を抱いていた18歳の高校生にとって、ルポライターという存在を知った瞬間でした。

これでやっていけるかもしれない。ルポライターという職業と同時に、芥川龍之介の晩年の短編群に魅了されていた私は、小説家という存在も捨てがたい魅力でした。どちらにしても、文章を書いていければ、こんなにうれしいことはない。

大学を卒業して、1年半会社勤めをして、フリーの文筆業者になりました。

「うちで書かないか」と声をかけてくれたのが、双葉社という、飯田橋にある出版社から出ている「週刊大衆」の林さんという副編集長でした。

阿佐田哲也をはじめとした雀鬼たちの麻雀名人戦を催したり、政治から風俗までを網羅した誌面には、ユニークな書き手が目白押しでした。

年間200人切りを達成した者だけが会員になれる「トルコ名球会」の主宰者伊藤裕作。後に自身のテレクラ体験を永井荷風ばりの枯淡の境地で描き尽くす漫画家成田アキラ。やくざ記事に定評のある記者。編集部のスタッフも皆、ユーモアがあり、風俗でも政治でもなんでもこなすふところの深さがありました。なかでも、ソープランドに取材に行くと、必ずソープ嬢が惚れてしまうシブい編集者がいたり、プロの女性たちにモテる、いわゆるインテリやくざのような編集者たちが勢揃いしていました。

兄弟誌の「漫画アクション」では、「じゃりン子チエ」「博多っ子純情」「嗚呼!!花の応援団」「ルパン三世」「子連れ狼」「がんばれ!!タブチくん!!」といった名作がそろい、同誌のコラムからは、呉智英、関川夏央といった名文家が生まれ、「小説推理」では新人賞に大沢在昌が選ばれる、というように、いぶし銀のような存在の出版社でした。

「週刊大衆」で記事を書くようになって、私は自分の居場所がわかったようで、肩で風切るインテリやくざになった気がしたものです。

喫茶店で編集者と打ち合わせしながら、次週の企画を考え、行詰まると、そのときの時事ネタを引っ張り出し「夜の早慶戦」と称して、早慶の大学生を引っ張り出して、吉原のソープランドに沈め、同じソープ嬢を相手に先攻後攻で早慶の大学生が競い合う、というばかげた企画をやったこともあります。

勝負は互角、早稲田の大学生はその後、IT企業の社長となり、慶応の大学生は民放の解説委員として皇室報道に欠かせない重鎮になっています。

人が変わったかのように私は取材に走り、風俗嬢をはじめとして、強面の男たちや夜の世界の男たちをインタビューしてきました。不思議なもので、仕事となると、人見知りだの口べただのと言っていられず、自分でも信じられないほど、コミュニケーションがとれるようになっていました。

これはいったいどういうことなのでしょう。43歳で初めて父となった私は、2人の我が子を見て思うのですが、どうも人間というのは生まれながらにして性格が決定づけられている気がします。中学校の同窓会をやったときも、二十数年ぶりに再会した旧友たちは、話し方も仕草もまったく変わっていませんでした。ネイティブな資質というのは、変わりようがない、三つ子の魂百まで、というのはまったく正しいことわざです。

・では、おとなしい人間はずっとおとなしいままで生きていくのか？

これがまた違ってきます。

おとなしい人間が一生おとなしい行動をとるのではなく、あるときは、こんな自分じゃいけないと奮起して、積極的な人間を上回る行動をとる場合もあるでしょう。引っ込み思案の性格がコンプレックスになっているので、もっとアクティブな人間になろうと、意識的に行動を活発化させることもあるでしょう。

極真空手元世界王者フランシスコ・フィリオも、試合以外の素顔は、おとなしそうな性格が見え隠れしています。格闘家と会って話をすると、たいてい、小さいころはいじめられっ子で、これではいけないと道場に入門し、鍛え上げていったというケースをよく聞きます。

売れっ子の役者には、普段は無口で、台本を渡されるととたんに別人になる、というタイプが多い。

自分はずっとこのままの性格だ、とあきらめることなく、いいように伸ばせばいいだけのことなのです。

私は映画やテレビドラマをほとんど見ませんが、その代わりに人の半生をよく聞きます。どんな人間でも、聞くべき半生があり、へたな映画やテレビドラマよりもずっと面白いエピソードがあるものです。

自分の人生はとるにたらないものだ、と卑下していたとしても、その時、その場所で、あることをしているのは、ひとりの人間だけです。有名無名を問わず、人間には皆、オリジナリティがあります。どんな人間にも、ドストエフスキー級の半生があり、志賀直哉の小説のような日々があるのです。

私がいままで聞いてきた人々の話のなかで、つまらなかったものはひとつもありません。その人はこの世にひとりきりしか存在しないのだから、その人が語る話はオリジナリティのある物語になっているのは当然です。

私は、恋愛話を聞くときでも、仕事の話を聞くときでも、スキャンダルを聞くときでも、テーマだけを聞くのではなく、できる限りその人の半生を聞き出そうとします。他人の半生を聞くとき、私は耳を傾けて一言一句聞き逃さないようにしています。

話し手にしてみれば、この男は本気で聞いてくれているようだ、と思い、話に身が入るものです。

私は、何よりも興味がある他人の半生を聞けるのだから、誰にも負けないくらい本気で話を聞いています。

トップセールスマンの意外な性格

売上げトップのセールスマンを見てみると、意外な点に気づきます。

私の知っているBMWのセールスマンでも、生命保険会社の営業マンでも、トップの売上げを誇る人間というのは、意外と口数が少なく、控えめな性格です。おしゃべりのセールスマンがトップに立つというのは、めったにない。

一流のセールスマンというのは、誠実そうで、おとなしく、こちらの話をよく聞いてくれるタイプです。初対面でいきなりおしゃべりが始まるようなセールスマンは、客が警戒して引いてしまったりするようです。

インタビューも同じことです。

雄弁家というのはインタビュアー（聞き手）に向かない。むしろ口べたくらいのほうが、相手（話し手）もリラックスして何でもしゃべるようになるものです。

私のもとにも時折、インタビューに来る記者がいますが、気づくと記者のほうがしゃべっている時間が長いという場合があります。人の話よりも自分の話を聞いてもらいたいタイプなのでしょう。

人間というのは自分の話を聞いてもらいたい欲求があります。人間にとって、一番つらいのは、自分の存在が無視されたときです。自分が知っているまわりの人間からある日、自分の存在を無視されてしまったら、精神的バランスを崩してしまうでしょう。人間の行動のほとんどは、自分の存在をアピールすることに費やされます。

フリーランスの文筆者として週刊誌記者の仕事を始めたとき、様々な場所に行きました。新島もそのひとつです。

若者たちが新島で乱れた男女の交遊を繰り広げている、という噂が流れていた1981年盛夏、私とカメラマンは竹芝桟橋からフェリーに乗り、新島に向かいました。

同じフェリーに乗って上陸したのは、男女ともに甚平姿のヤンキーでした。

それぞれのグループが大型ラジカセを持ち運び、ディスコサウンドをフルボリュームで鳴らし、タコのように踊るのです。

まいったなあ。

すごい所に来てしまったと後悔しました。

それでも、女子高生たちから話を聞き出さなければ、記事が書けません。

可愛い4人組のヤンキー風女子高生をキャッチして、島の中央部にある喫茶店で話を聞き出そうとしました。

テーマは「この夏出会った男」。

座談会風に話を進行していくうちに、表が騒がしいことに気づきました。ガラス越しに、獰《どう》猛《もう》な顔をしたヤンキーたちが鈴なりになって、私たちをにらみつけているではないですか。冷やかしで口笛を吹いている者。何か叫んでいる者。意味もなく笑っている者。どちらにしても、私に好感を持っているとは思えません。

新島に到着したときから、愛らしい彼女たちはヤンキーたちからチェックが入っていたようなのです。そのうち喫茶店になだれこんでくる勢いです。

こんなとき、腰が引ける自分を打ち消すように、強気でいってやれ、という行動に出ようとしました。仕事であれば、何をされようが、怖いものなどない。座談会を終わらせ、彼女たちをつれて喫茶店から出てみました。腰が引けているのは鈴なりになっていたヤンキーたちでした。女子高生4人を連れている20代半ばの青年というのは、裏に何かあるのではないか、と勝手に推測したのでしょう。

またあるときは、関西から飛び火し、燎原《りょうげん》の火のようにまたたくまに東京一円に誕生したノーパン喫茶の取材もありました。

できはじめのころは、歌舞伎町のその手の店の多くは関西系の人間がやっていて、店長以下ほとんどが関西系やくざ、というのが実態でした。

私が取材の申し込みをすると、中から顔に傷跡がある、もろにその筋の人間とわかる男が出てきて「なんじゃやわりゃ」と、東京ではめったに聞けない関西弁でどやしつけてきました。

あらためて取材の話をすると、「やらんと言うとるやろ」といきなり胸ぐらをつかまれてしまいました。これで退散するようでは、商売あがったりです。なおも説得しようとすると、「ちょっとこっち来い」と胸ぐらをつかまれたまま、喫茶室の裏にある倉庫に押し込められました。

私も若かったので、手を振り払い、もう一度取材の話をしてみたのです。殴られるかな、と思って覚悟を決めていたら、意外な展開になってきました。男が「わかった」と言うではないですか。

どうも、店を紹介するから宣伝料（パブリシティ代）をよこせ、というあこぎな取材記者や編集者が何人もたかってきたので、男も神経をとがらせていたようでした。私はその手の人間ではなく、女の子たちに話が聞きたいだけだ、とあらためて説明すると、いままでの暴力的雰囲気からにわかに友好ムードになり、「よっしゃ、わかった。うちの子、好きなだけ話きいたって」と嘘のように協力的になったのです。

これ以後、仕事でたびたびやくざと遭遇することがありましたが、やくざは利害関係に抵触すると牙をむきますが、損得勘定抜きにこっちの意図を説明すると、それほど敵対的意識は持たなくなることがわかりました。

このときも、意気に感じてくれたのか、ノーパン喫茶でアルバイトをしているトップレスのウエイトレス5名を取りそろえて、仕事のことやどんなお客さんがいるか、といった話をしてもらったものです。10個の乳房を目の前にしながら話を聞くという、貴重な体験をしました。

仕事となると、羞恥心も吹き飛び、根掘り葉掘り話を聞き出したものでした。

大学を卒業して間もなかったためか、女子大生取材となると、私はキャンパスに出向き、あらゆる人脈を活用して、女子大生をかき集め、座談会を開いたものです。

口べたで人見知り、などと言っていられず、私はまとめ役として重宝がられるようになっていきました。

緊張感を消す人間の位置関係は「L字型」

大臣経験者、日産・トヨタの広報幹部といった堅い人々とのインタビューもありました。誰でも初対面の人間と話すときは緊張するものです。私はなんとか緊張しないでリラックスできる方法はないだろうかと模索しました。

まず何が緊張させるかというと、初対面の人間がテーブルをはさんで対面形式で座る、この構図が一番緊張させるものです。面と向かって座る対面の構図を、漢数字の「二」にたとえて、「二の字型」とでも名付けましょうか。二の字型は、どういうときに用いられるかというと、政府間交渉や会社同士の事業提携といった公式の場によく見られます。日朝交渉で当時の小泉総理と金正日総書記が座ったのも、広いテーブルをはさんだ対面式、二の字型の構図でした。

また、就職面接でも二の字型になります。営業でも二の字型です。対決、折衝の場でも二の字型です。

「朝まで生テレビ！」でも、司会の田原総一朗を真ん中に、基本はテーブルの左右に意見を異にする識者たちを配置しています。二の字型こそ、交渉・営業・討論という公式の席で最も使う構図です。インタビューでも、二の字型がほとんどですが、これははっきり言って、疲れます。緊張を強いられます。

では、どんな座り方がいいのか。

最も親しみやすい座り方というのは、恋人のように肩を並べる、漢数字の「一」のような「一の字型」でしょう。デートの最中、ベンチに腰掛けるときでも、恋人たちは一の字型ですし、ドライブに行くときも、カップルは助手席に座る一の字型になりますし、六本木ヒルズの展望室から見る夜景も、恋人たちは一の字型で肩寄せ合って見おろすものです。

では、インタビューや交渉のときも、一の字型で座るか、というと、これはやりすぎというものです。いきなり隣に並ばれては警戒心が強くなるだけです。

では、二の字型と一の字型の中間に位置する座り方はないのでしょうか。

これがあるのです。

私が長年体験してきて、最も緊張せずに話が聞ける座り方。それは、英文字にたとえるとしたら「L字型」です。テーブルの前に座っている相手に対して、こちらは相手の右手か左手に座ってしまうのです。L字の下の部分に相手が座っているなら、こちらはLの字の縦部分に座るようにするのです。

これだと、二の字型のように真正面から相手と見つめ合う必要もなくなるし、視線の圧迫感を感じることもなく、ごく自然に相手と話をすることができます。最も緊張感がなくなる理想的な座り位置です。

この位置を発見したころ、たまたま何かの心理学の本に、この配置図と同じことが書かれていました。やはり、L字型に座ったほうが緊張しないですむ、という文脈でした。その本にはさらに、話し手の心臓がある左手に他人が座ると緊張するから、右手に座ったほうが無難である、といった記述がありました。

私が長年、L字型で座った経験からみると、相手の左手に座っても右手に座っても、ほとんど差はない気がします。要は、とにかくL字型配置に座ることです。もしも私たち取材者側が2人いるのなら、ひとりに犠牲になってもらって、対面に座ってもらい、自分はL字型の位置に座るようにするべきです。

対面に座らないからといって、怒り出す相手はまずいません。もしも、対面に座らないことで機嫌を損ねそうだったら、対面で座って、ほんのちょっと座る位置をずらします。とにかく真正面に位置することだけは避ける。10センチずれるだけで、随分緊張感から解放されます。

第二章　強面が心を開く瞬間

2度3度断られても、あきらめない精神力を

「ほうらみろ。どうや、みーんなこのカネが欲しいんや！　ワハハハ！　人生カネだよ。カネやカネ！」

フジテレビの須田哲夫アナウンサーがマイクを突きつけると、杉山グループの杉山治夫会長は椅子から立ち上がり、アタッシェケースからはみ出した現金をつかみ、高らかに吠えまくったのでした。

いわゆるサラ金規制法が施行される直前の1984年、世の中には杉山会長のようなんでもありの取り立てが横行していました。

この男、サラ金取り立て人なのですが、やることが派手でした。

債務者の自宅に押しかけ、杖で室内をめちゃくちゃにしたり、「貴宅訪問のお知らせ！」と毒々しい赤文字で描かれたポスターを債務者の家の玄関に貼りつけたり、「給料差押え予告」と赤文字で描かれたポスターを債務者の勤め先まで貼りつけたり、最終通告として「強制差押え・競売・引き上げ予告　このままほっぽっておくと本当に実行する」という、どぎつい文面の赤文字ポスターを債務者の近所に貼りめぐらしたり、あくどい取り立てをおこなっていたのでした。

あまりにも過酷な取り立ての被害者が続出したために、テレビや雑誌がこの人物を追い掛けました。

杉山会長は自己の取り立てを悪びれることもなく、自慢するのです。新宿三丁目の彼の事務所には、債務者のデータが保管され、スチール棚にぎっしり詰まっています。

その棚に、「自殺」「一家心中」「逃亡」「夜逃げ」といった項目別に債務者が区分けされています。

物騒な男が世の中にはいたものです。

いまよりもずっとサラ金の取り立てイメージが恐怖に彩られ、自殺者や一家心中がニュースになった時代で、これではいけないと、遅まきながらサラ金規制法が施行されようとしていたのです。

第一章に書いたように、内気ではにかみやの私は、その反動からでしょうか、これじゃいけないと自分を叱咤しているところがあって、過激な現場や人物に会うことを自分の度胸だめしにしようと思っていました。

杉山会長の新宿の本部に電話をかけてみると、中年女性が出てきて、「いません」の一点張りです。時間を変え、日にちを変え、何度電話しても「いません」。

取材の内容を事細かに伝え、「とにかくお話を聞きたいのですが」と懇願しても「一応伝えておきますが、無理ですよ」とのことでした。

今度無理だったら、こっちから直接本部まで出向き、交渉しようかと仕切り直しを考えながら、9度めの電話を入れてみました。

いつもの中年の女性が出て「無理です」の一言です。

「こちらに来ても会長は会いませんから」と冷たい返事です。

なかばあきらめかけたそのときでした。いきなり受話器が奪い取られて、怒り狂った男の声が聞こえてきました。

「わしの話、聞きたいやつはごまんとおるんや！　そんな暇はないんや。きょうも取り立て行ってきたばかりで、明日も出張や。差押え、競売、引き上げ、もうわんわんわんわん、うちはやっちょるからね。文句は言わさんよ。だから、わしは時間がないんや。話を聞きたかったら、部下に聞け。それでええやろ」

普通、会話には〝間〟というものがありますが、杉山会長のしゃべりは間などありません。相手に言葉をはさむ余裕すら与えません。とにかく延々と1時間でも2時間でも自分の世界をこれでもかと、語り尽くして、気が済むと会話が終了するのです。

2時間ほど話を聞いているうちに、私はこれはなんとかなる、と思いました。

「私は杉山会長のお話を聞いて記事にしたいんです。だめでしょうか」

残酷取り立て王は、あっさりと承諾したのでした。

後からわかったことなのですが、杉山会長のもとには、「300万であなたの本を出せますよ」という、あこぎな出版ブローカーが何人かやってきたので、私もそのひとりだと思われたようでした。

私は杉山治夫本人の半生を知りたい、と申し出ていたのですが、やっとわかってくれたようです。

5度目か6度目であきらめていたら、本人とは会えなかったでしょう。

思えば、最近、1度や2度断られただけであきらめてしまうケースが多いのではないでしょうか。貪欲さが薄れてきたのか、交渉するにしても、淡泊すぎる気がします。

私の知り合いのセレブな奥さんが独身時代、よく言っていた言葉があります。

「おつきあいする男性の誠意を試すときは、2度や3度、つきあってください、と言われても、お断りするんです。4回くらいはあきらめないで申し込んでくれないと」

1度や2度断られたくらいで引き下がるのは、情熱不足だと思われるでしょう。何度も何度も申し込んでみるうちに、相手のほうも、本当に話を聞きたがっているんだな、とプライドをくすぐられて、承諾するものです。そして難関をくぐり抜けて話を聞けた場合、普段よりも奥深い話が聞けるものです。

杉山会長の場合もまさにそうでした。

自分の話を真剣に聞いてくれる相手にこそ、心を開く

新宿三丁目の本部で、テープレコーダーを回しながら、杉山会長の話を聞くことができました。

被害者続出の残酷取り立て王、という異名を持ちながら、実際に会ってみると、粋なスーツを着こなすダンディな中年男でした。

私はいまおこなっている非合法すれすれの取り立て方法の取材からはじめました。

〝じじいキラー〟という言葉があります。社会的名声を勝ち得た年配の社長や芸能人に、やけに気に入られる青年がいます。これにならえば、私はさしずめ〝悪人キラー〟とでも言うのでしょう。世間で畏怖される悪人にことさら強い、というイメージがついています。そのイメージを決定づけたのも、杉山治夫会長へのインタビューでした。

杉山会長の取り立てを非難もしなければ賞賛もしない、ただ、あなたの半生を聞きたい、という姿勢で臨んだ私は、杉山会長から毎日のように話を聞き出すことに成功しました。

そして取り立て方法の様々な手口を知ることができたのでした。

よくぞここまで、というほど、杉山会長は私に秘密の手口を公開しました。そのひとつに、

こんな手法があります。債務者は過酷な取り立てで、家を離れていますが、時折、郵便物をとりに自宅にもどってくる習性があります。そこでふと目にした一枚の往復葉書。「日本運命学協会」と称する団体からのものです。

裏を返すとこんな文字が青色で印刷されています。

「よかったですね。おめでとうございます。

このたび、当会で全世帯不文律抽出法により、幸運者を抽出した結果、あなた様は――現金1620円の受領者と決定致しました。」

さらに、こんな文面が躍っています。

「ダブルプレゼントである最高現金1000万円の当たる申込書

私の受け取れる金額は早急に下記○印の場所の私あてにご送金下さい。なお、ダブルプレゼントである最高1000万円も受け取りたいので申し込みいたします。

☆お願い　住所、氏名、勤務先等もれなく記入しましたので、なるべく○印の場所に送金して下さい。」

そして、現住所、勤務先、住民登録住所、家族名、緊急連絡先、といった事柄を記入する欄が用意されています。

もうおわかりでしょう。

日本運命学協会とは名ばかり、実際は杉山会長の配下が運営している債務者追跡調査の秘密エージェントなのです。

にわかには信じられないことですが、こんな子どもだましの手口でも、カネに困っている人間は、たった１６２０円のために自分の居所を記入して投函してしまうのです。

数日後、債務者のもとには、現金１６２０円をもった杉山軍団が来襲し、すべての債権を回収することになるのです。

これはもう吉本新喜劇のコント以上です。

取り立てにまつわる様々な手段だけでなく、杉山会長の半生についても幼いころからの話を聞き出しました。

人間は、自分の話を真剣に聞いてくれる相手こそ、最良のパートナーだと思う習性がありま す。人間はみずからの半生を話したくてしょうがない生き物なのです。

世紀の悪人と言われてきた杉山会長に、私はそれこそ一言一句聞き漏らさないように、耳を傾けました。私にはない言語空間を所有しているからこそ、私は彼の言葉に酔いしれました。

船員の父から梅毒を移され、盲目になった母。杉山少年は盲目の母親に育てられましたが、生活が困窮し、松の葉をかき集め、燃料として売り歩くという日々を送りました。

松の葉ではほとんどカネにはなりません。

小学2年で杉山会長は首吊り自殺を試みますが、失敗しています。

――なんでこんなに貧乏なんやろ。

――なんでうちだけいつもいじめられるんやろ。

――なんで夏も冬も着物一枚だけなんやろ。

――なんで腹いっぱい飯食えんのやろ。

――なんで、なんで、なんで！

8歳にして人生を絶望するこの現実。

差別と貧困にあえぎながら、少年は生きていこうとします。

時計店の住み込み店員からはじまり、時計店をみずから経営するまでになるが、部下の手形乱発であえなく倒産、大阪のやくざに手形が渡り、危なく命を落としそうになります。

債務者から今度は取り立て屋になった杉山会長は才覚を磨き、東京に進出すると、悪魔的な取り立て法と過酷な回収行為でたちまちアンダーグラウンドの帝王として名を馳せるようになります。

幼いころの極貧ぶりを聞き出すと、私はあらためて思いました。

完璧な善人などいないように、完璧な悪人もまたいない、と。

人間にはどこか悪魔的な影もあり、仏性が宿る部分もある、と。

だから人間は面白い。

だから人間の半生を聞き出すことがやめられないのです。

彼の悲惨な幼少期を記事にすると、意外な反応が返ってきました。

「いやあ。最近、あんたが書いたわしの記事を読んだやくざが、感激したと言ってわしのファンになるんや」

強面の人間を記事にするときは、距離感も大事です。私は杉山会長に人間的興味を抱いたのであって、批判も賞賛もすることはしないように心がけました。幼少期の悲惨な話を書いたと思えば、杉山会長の異名を次々に考えてつけたものです。

「被害者続出の残酷取り立て王」

「裏金融界のホーキング博士」

「恐怖の人体切り取り王」

最後のフレーズは、後に杉山会長が借金を返せない債務者に「借金返さにゃ腎臓売れ」と迫ったことから名付けたものでした。

杉山会長は禁断の臓器密売にまで手を伸ばそうとしていたのでした。

人間は多面体の生き物であるから、面白い

腎臓は体内に2個存在するもので、はからずも臓器提供しやすい内臓となっており、借金のカタに腎臓を売る、という恐るべき手法を編み出したのが杉山会長でした。

彼の行動を取材することを許されていた私は、臓器売買の現場をのぞく機会に何度か恵まれました。

臓器密売は存在しない、と一部のメディアが報じていましたが、いったい何を見てそう判断したのでしょうか。密売はおこなわれています。

私が目撃したのは東北からやってきた鉄工所経営者でした。かなりやつれた印象です。

「脱サラで会社持つまでになったんだが、不渡りを4千万ほど出しちゃってね……。倒産の覚悟はしてるつもりなんだけど、でも……家族もいるし、首くるくらいなら腎臓売ってみようかと……。妻子を路頭に迷わすくらいならね……」

経営者はこの後、血液型から健康状態、住所、希望金額、といった書類を書いていました。

闇で臓器移植する医者は存在し、闇にまぎれて臓器移植は秘《ひそ》かに確実におこなわれています。

さらに杉山会長は資金提供を求めて「金満家教会」なる団体まで創設します。これはカネを崇め奉る宗教がかった団体で、祭られている神様、聖徳太子の格好をした人物はよく見ると、杉山会長本人です。

「もうこれからはみんなが幸せにならないかん。わしばかり若いおねえちゃんでたっぷりエキス抜いてばかりいるのも罰が当たるというもんや。これからはみんなで幸せになるんや。みんな幸せや！　みんな幸せになるんや！」

ついさっきまでは「どうや。腎臓のひとつくらい抜き取ってもええやないか。勝負かけてみんか」とそそのかしてきた男が、「みんな幸せになるんや」と手のひら返しです。

こんな男が現実に今の時代に私たちと隣り合わせで生きているのですから、退屈など吹き飛ぶというものです。

1985年当時、いまよりも青臭い29歳の私が、杉山会長への直撃インタビューをした一部を再録します。

たたき上げの人間にはインテリ的アプローチを

――杉山式経営戦略をここで分析してみましょうか。世間では、特にマスコミは非常な勘違いというか、あなたへの批判方法をまちがえているのでね、ここらでひとつ杉山治夫の虚像をひきはがしてみたい。

杉山　マスコミはわしのことをわんわん悪く書くが、こっちはいっこうに気にしとらんよ。わしは男やからね。取材拒否はめったにせん。もっとも現場の記者やカメラマンはよく杖でこづいたり、テーブルをひっくり返したりするので恐がっとるようだが。

——その恐怖感を他人に与える点、そこにこそまさに杉山治夫商法の核があるわけですよ。特に他のサラ金業者が回収不可能の債権でも、恐怖イメージの強い杉山治夫だと非常に回収しやすくなる。マスコミで盛んに恐怖イメージを売ったおかげだ。このへんが杉山会長のうまいところなわけですよ。

杉山　取り立ての成功率が高いというのはやね、うちがそれだけ企業努力しているからな。住民票とったり附票とったりして逃亡者の行方を捜してやね、NCIA秘密調査部員、これはわしの部下たちがしとる調査探偵事務所やが、こいつらに張り込みや聞き込みを徹底してやらせる。そりゃねちっこくやるよ。例の「日本運命学協会」の葉書を出して調べたりするが、これがまた面白いようにひっかかりよる（笑）。信じられんくらいひっかかるよ（笑）。……取材にきた奴は実際この3年間で、田原総一朗、フジテレビの須田哲夫アナウンサー、消費者金融問題の専門家で弁護士の木村晋介、ミッキー安川、石原慎太郎、渡辺美智雄、梶原一騎……。まあ一番しつこいのはおまえさんや。

——僕は杉山治夫そのものに興味がある。あれだけテレビや週刊誌で悪を演じきれるのはちょっといない。噂によると糸井重里があなたの本を読んで、〝今年最大のパロディだ〟と爆笑していたらしいけど。あなたの悪役ぶりを見ていると、あの太宰治の言った「人生の俳優」という言葉を思い出す。世間を騒がすことに喜びを見出す。自分のまわりに刺激を求めたくなる。

杉山　わしは刺激が欲しい。金はもう稼ぎ尽くした。いまは平和過ぎて女にちょっかい出すのが関の山や。昔のように切ったはったの生活が無性に恋しくなるで。

――その刺激が金と女……。

杉山　そりゃそうや。そう思わんか。男には金と女が一生を左右する鍵であり、また最高のゲームでもある。そう、わしがこうして金儲けに必死になっとるのも、これをひとつの遊びとして考えられるからここまでやってこれたんや。サラ金も取り立ても金融犯罪すれすれのケースもみんなマネーゲームと思って楽しんでやっとるんや。男の最高の遊びがマネーゲームよ。だから借金して逃げとる奴もや、デーンと腰すえて気楽に返済すりゃええんや。ゲームなんやから、こんな面白いゲームありますか。負けたらもう一度やればええんや。なにも死ぬことない。

――杉山さん、あなたにはかなりインファンテリズム（幼児的性格）が残っている。金をおもちゃのように空にばらまいてみせるのも、大げさに杖で人を脅すのも、債権書類の棚に「一家心中」「自殺」「逃亡中」とこれみよがしに書いたりするのも、みんなインファンテリズムから派生したものでしょう。幼児期に満足な遊びを体験できずに育ってしまったために、いまこうしていい中年になっても馬鹿なパロディを演じて楽しんでいるんですよ。

杉山　パロディやないよ（笑）。楽しいことは楽しいがね。あんたもね、一度こうして1億円の現ナマをやね、ほら、こうやって両手でドサッと持ってみなさい。人生観変わるよ。

――（笑）。

杉山　みんなこれが欲しいんや（両手で札束をつかみ、テーブルに無造作に積み上げる）。

――ついでにもう少し精神分析的アプローチで杉山治夫を裸にしてみるとですね、世の中には偽善的行動様式をとるパターンと、まったく逆に偽悪的行動様式をとるパターンがある。あなたの場合はまさしく後者で、しかもより徹底している。誰にも両者の要素は備わっていて、それが時と場合により表出してくる。ところがあなたは他人に注目されているとたんに偽悪家の欲求が噴出する。

杉山　いやあ、これだけわしを分析しとる人も珍しいよ。気に入ったよ。そんなわけのわからん仕事やめてやね、わしと一緒に金儲けしようやないの。あんた、切れ者や。

強面の相手ゆえに、感動できる場面がある

29歳の私が懸命に、悪人の精神構造を知ろうと、食い下がっています。

それまでさぼっていた人間への関心に、やっと目覚めだしたころでした。

このように杉山会長のようなたたき上げには、インテリ的アプローチが効果的です。以前『悪人志願』（メディアワークス）という15人のロングインタビュー集を出したとき、出版記念会を催しました。15人のなかには、いまは亡き「ナニワ金融道」の青木雄二や、村西とおる、

江頭2：50、といった面々と共に、杉山会長もいました。

杉山会長が15人のなかで誰に一番関心を示したかというと、東大医学部卒の精神科医和田秀樹でした。杉山会長が学歴の最高峰に興味を示すという意外な行動に、あらためて人間は自分にない世界に惹かれるのだ、と感じたものです。

これは初めて書くことですが、あこぎなことをしてきた杉山会長の、人間の奥深さを示すこんなエピソードがあります。

杉山会長の臓器売買に関する記事を書いたときでした。その記事を読んだ読者が編集部に連絡をしてきて、杉山会長の連絡先を聞き出したのです。読者は20代の青年で、杉山会長に腎臓を売って、作ったカネで借金を返そうというつもりだったようです。

その彼が編集部に感激した声で連絡してきたのです。

「杉山会長から〝まだ若いんやから、死ぬ気でがんばればなんでもできるやないか〟って励まされてしまいました。もう一度、なんとか自分でやっていきます」

被害者続出の残酷取り立て王のころ、同行取材しているうちに、こんな光景に出くわしました。

借金で身動きがとれなくなった中年男が、杉山会長に呼び出されました。

「もうちょっと待ってくれませんか」

彼はそう言うつもりだったのでしょう。すると杉山会長は、借金の取り立てもせずに、就職先が決まるまで猶予してやる、と言うのです。

「死んだ気でやればなんでもできるんや」

人間とは一面だけではとらえきれない生き物であり、強面の相手だからこそ、ときとしていい場面を体験できるものです。

可能性は素人にだって無限にある

1980年代半ばは、退潮の傾向にあった新左翼が再び過激な闘争をおこなうようになった時代でした。

新左翼とは、社会党や共産党のような穏健な議会制民主主義ではなく、暴力によって革命を起こし、労働者国家を樹立しようという組織であり、中核派、革マル派、革労協、ブント、といった諸派があります。

なかでも中核派が、活発なゲリラ、武装闘争をおこなったのですが、これには地下軍事組織が完成したことが大きな背景になっています。

「人民革命軍武装遊撃隊」通称「革命軍」と呼ばれていましたが、自民党本部火炎放射攻撃事件、大阪第二法務合同庁舎火炎瓶同時多発発射事件、空港公団火炎放射攻撃事件、といったそれまでになかった過激な軍事攻撃をおこなう地下組織が中核派に秘かに誕生していたのでした。各メディアやジャーナリストが革命軍の正体を突き止めようと動きましたが、地下組織であったために実態はなかなかつかめません。

70年代初頭から中核派は対立する革マル派との間で、内ゲバを繰り返していました。もともと両派は、革命的共産主義者同盟（革共同）という同じ政治党派だったのですが、60年代になってから、戦術の違いから分裂に至った経緯があります。

弾圧される農民、賃金カットに泣いてきた労働者、抑圧されてきた人々をなんとかしなければ、と立ち上がったのが新左翼と呼ばれる彼らであり、もともと悪を憎む心が人一倍強いのも、彼らでした。

ところが近親憎悪というのか、もとは同じ釜の飯を食っていた仲間というのは、一旦仲がこじれると手のつけようがなく、路線対立がこじれると、両派は活動家同士の内ゲバで死者を出すようになります。

戦闘はエスカレートし、確実に殺害するために、マサカリ、バール、斧、といった凶器が用いられるようになり、相手を殺害すると誇らしげに「せん滅」という言葉を機関紙に躍らせる、相互殺戮《さつりく》戦に突入していったのでした。

1975年、私が大学1年生になった年は、中核・革マルの内ゲバが最も激しくなったときでもありました。

最高幹部本多延嘉書記長を殺害された中核派の怒りはすさまじく、ほぼ一方的に革マル派活動家への内ゲバが敢行されていきます。

歯止めのきかなくなった殺戮戦に、知識人たちがなんとかしようと立ち上がり、「革共同両派への提言」という中核・革マル両派に向けて、内ゲバを停止するようにメッセージを発しました。署名は埴谷雄高、色川大吉、井上光晴、対馬忠行、もののべながおきら12名の発起人と11名の賛同人になっています。さらに提言は「殺しを止めよ」と2度にわたるアピールをおこなっています。

ところが、最高幹部を殺害された中核派は「100％拒否」を公言し、知識人たちは、中核派から猛烈に追及され、以後、中核・革マル両派の間に立って、内ゲバをやめるように進言することは、言論界、マスコミ、反体制運動内部でもタブー視されてしまいました。

両派の若者たちが殺し殺されるという事態は、資本主義を享受し、退廃的なひとときを過ごしているノンポリの私にとっても心が痛みました。

私は昔から、安全圏でいる自分というものに居心地の悪さを感じて生きてきました。命を賭ける、とまでは言いませんが、ときにはそれに近い覚悟を決めるときが必要なのでしょう。仕事にも生活にも、緊張感が走り、発揮できなかった力が出せるものです。

『「全学連」研究』という書き下ろしの本を出すチャンスがありました。全学連とは、全国学生自治会総連合の略で、大学生たちによる運動体ですが、これに党派が主導権を握り、それぞれ革マル派系全学連、中核派系全学連といった組織になっていました。

その全学連を研究執筆しながら、大学時代に経済学を学んだ私は、講座派・労農派といった明治期からの資本主義分析をもう一度みずからの手で再構築する、という隠れテーマを持って、書き下ろそうとしました。

さらに、この本をきっかけに、私なりに両派へ内ゲバ停止を提言できないものか、と思いました。

巻末に、革マル派系全学連委員長と中核派系全学連委員長の活動状況についてインタビューを載せるつもりで、交渉に挑みました。

中核派の本部前進社は当時、池袋近くの千早町にありました。駅から歩き、要塞のような前進社に到着すると、屋上から「1名到着！」と声が響きます。地下鉄の出口からここに来るまで屋上から監視されていたようです。

ヘルメット姿の活動家に取材の意図を説明し、反体制運動の評論においてまったく実績もない私は、自己紹介の意味をこめて私の過去の著作物を渡しました。ナンパな学園物を手にしたヘルメット姿の男は不思議そうに見ています。

革マル派からは「現在はどこへも取材に応じる予定はない」と断られました。

中核派も同じ返答かと思っていたら、後日「それなりの人間が応じる」と、予想外の答えが返ってきました。

タイミングもよかったのでしょう。革命軍によるゲリラ戦をおこなっていた中核派ですが、幅広い支持も必要であると、プロパガンダにも力を入れて、彼らの言う商業ジャーナリズムへのインタビューにも時折、答えていたときでした。

私が左翼運動の評論分野において実績がなかったことも幸いしたのでしょう。すでに執筆歴がある評論家では、いずれかのセクトに近いと思われて、詮索されたのでしょうが、ナンパな分野で執筆してきた私には、警戒心もなく、応じてくれたのだと思います。

交渉事は、門外漢だからこそ、うまくいく場合があります。中途半端な色がついているよりも、無色のほうが相手も警戒心をとくのです。素人の立場を逆に利用して、プロの世界に切り込むことだって可能になります。

最初からあきらめていては、何事も前に進まないというものです。

4時間半にわたる中核派との会見

内ゲバ停止の提言をするのは無謀だからやめろ、と多くの知人、編集者から慰留されました。

１００名以上に及ぶ死者、５千名以上に及ぶ負傷者、まさに戦争状態のなかに割ってはいるには、覚悟がいりました。
前進社で、横浜国大に在籍する中核派系全学連委員長との会見がはじまりました。脇には、若き活動家たちが付き添っています。
話題は内ゲバに移っていきます。

――革マル派との内ゲバを進めていくと、かえって刑事事件の締めつけがある。メリットよりもデメリットのほうが大きいではないですか。

委員長　戦いですからね。弾圧があるのは当たり前ですから。なによりも農民が命を賭けて強権的な土地強奪と戦い抜いている三里塚闘争に対して「謀略と利権漁り」と言う奴らは絶対に生かしておけないですよね。

――僕はまったくの無党派で、だからこんな本もどこにも遠慮せずに書けるんですが、党派闘争はひとことで言って「不毛」ですよ。当事者同士になればそんなことは言ってられないことになっちゃうんでしょうけど、長期的にみていけば今のような党派闘争は不毛ですよ。全学連を心情的に支持する学生層にも僕と同じ考え方を持っているのは多いですよ。

委員長　不毛っていうかね、それは反革命の攻撃に対するある種の恐怖なんですよ。戦いがあれはその戦いに対してよからぬ感情を抱いてそれを破壊してくる者がでてきますよ。「革命」に対する「反革命」ですね。革命が前進するためには反革命を打ち砕かなければならない。反革命との対決がない革命はありえないわけです。

——「反革命」は権力であって、それ以外のものに規定するのは間違っているんではないでしょうか。

委員長　国家権力と人民の対決だけじゃなくて人民内部で革命に対する勢力が出てくるでしょ。権力は意識的にそんな部分を育成するし援助するんです。権力との対峙だけじゃなくて、同時に水平的な人民内部における民間反革命との対峙、戦争がたえず問題になるんですよ。不毛というのは、たとえば血が流れるとかに対する恐怖なわけですよ。

——そういった心情的な面でも、また組織の面からみても内ゲバは権力にパクる口実を与えてしまっているんじゃないかといった意味で「不毛だ」と言ってるんです。

委員長　それはある程度当たり前のことなんですよ。「反革命」との戦争を通してより新たな力が生み出されてくることを絶対見落とさないでもらいたい。革命への道は平坦じゃなくて民間反革命との血みどろの戦争を不可避としているんです。実際に三里塚闘争の前進に対して反革命カクマルが追い詰められて戦争をしかけてくる、これを打ち破って前進していく荒々しい力が反革命との激突のなかでたえず生み出されていくということですよ。

――革マル派や第四インターにしたって、「自分は反革命をやってるんだ」と思ってやってるわけではないでしょう。「我々は革命をやってるんだ」と思ってやってるわけですよ。ところが立場が変わっちゃうと相手が反革命に見えてきちゃう。

委員長　カクマルの場合は「革命やってる」とは奴ら言ってませんよ。カクマルが僕らに襲撃を加えてきたのは「武装蜂起主義反対」ということからですよ。武装闘争に対する恐怖、権力に対する恐怖が根強くありますからね。

中核派系全学連委員長は、当時の僕よりも年上で、眼鏡をかけて細面のインテリといった男性でした。

脇を固める中核派活動家の青年たちも、みな、寡黙で、誠実そうな若者たちでした。彼らが敵対党派だというだけで殺戮戦をおこなうことが、どうしても納得がいきませんでした。彼らが殺す側になってもいけないし、殺される側になってもいけない。同じ日本の若者同士が血を流し合うことは避けなければならない。

――ノンポリの眼からみて、内ゲバは無駄なことをやってるとしか映らないんですが。

委員長　それは要するに血を流すことに対する恐怖ですよ。

——人間って論理よりも感情のほうが大きいし、論理を持って生まれてくるわけじゃない。長年生きてから論理なんてのが出てきてしまう……。

委員長　何をめぐって激突が起きているのかという点をきちんと判断してほしいんですよ。

——その「革命」「反革命」を規定するのはあくまでも人民大衆であって、個々の党派が規定するものではないわけですよ。僕が言いたいのは、四畳半でカップラーメンをする者同士が血を流し合うことだけは絶対にやめよう、これです。

委員長とは平行線のまま、討論が進みます。

——どうもマルクス主義に内包化されている同類嫌悪感情、近親憎悪感情の延長線が中核・革マルの内ゲバなんだと思います。もともと同じマル学同（マルクス主義学生同盟）だったわけですからね。今はマル学同の分裂直後の土壌の近似性が希薄になっているので、いくらか内ゲバが沈静化してきたんですよ。

委員長　同じところから分かれたってことは、一緒にはやっていけない、絶対に和解できないからですよ。激突は不可避ですよ。三里塚闘争は全人民を巻き込んでいるので、これから敵対するカクマルとの戦いは避けられません。カクマルもその戦いに引きずり込まれています。

——でもね、以前僕が公安刑事を取材したことがあるんです。こちらの職業は隠してあるルートを通じて茶飲み話的な場をつくってね、新宿の喫茶店で会えたわけです。むこうは各セクトの情報を聞かせてもらえないかというつもりでやってきた。もちろん僕は拒否しましたけど。僕がその時公安刑事に聞いたんです。どのセクトがいま一番やっかいなのかって。そうしたら「革マル派が一番てごわい」と言ってましたよ。

委員長　それはね、カクマルの奴らが何をやってるかわからないから言ったまででしょう。

——自派にいればどうしても敵対党派が権力側に擁護されているかのように思えるものです。たとえば、ゲバルトという実力行使に出ないで両派の討論会といった形態で党派闘争を進めることは不可能ですか。

委員長　無理ですね。

——公開討論でそれぞれ一般にアピールしあうとか。

委員長　まったく不可能です。

自分としては精一杯の提言をしたつもりでした。

さらに、革命軍について、委員長から直接話を聞いてみました。

――革命軍はテロを目的とした組織作りが中心になっているわけですか。

委員長　個人テロもやりますが、いわゆる革命の軍隊です。

――赤軍派とも性格は違っていますか？

委員長　赤軍派ですか。赤軍派とは全然違います。あれは日本革命を放棄してパレスチナに行ったんだから。要するに義勇軍とかいろんな形の革命の軍隊があると思うんですけど、結局、恒常的武装勢力として目的意識的に建設を進めてきた部隊が僕らの「革命軍」となっているんです。

――全学連が側面から支援しているんでしょうか。それとも全学連と「革命軍」との間にはまったく連絡がないわけですか。

委員長　言えません。

――完璧な地下組織ですか。

委員長　ええ。

――「革命軍」は志願制ですか。

委員長　いろんな形で集めるんじゃないですか。

――火炎放射や火炎瓶ロケット砲とか武器がエスカレートしていますが、あれは研究担当活動家がいるわけですか。

委員長　それは研究していますよ。「革命軍」が技術の開発であるとかいろいろやってますから。

――費用も相当かかるでしょう。カンパでやってるんですか。

委員長　かかりますよ。

――ああいった武器はいまの日本では自衛隊以外ないですからね。

委員長　技術についてはまったく心配していません。人民のなかから様々なアドバイスや新技術の提供を受けています。「ここはこんなふうにやったほうがいいんじゃないか」とかいろいろとね。

――「革命軍」のゲリラ戦の実行はどのへんの幹部が決めているんですか。

委員長　ちゃんと上の機関でやります。

――〇〇さん（掲載時は実名）も加わってやるわけ？

委員長　（笑）。いや、それは言えませんけど（笑）。責任ある機関が決定してます。

――「革命軍」とは別個の機関ですか。

委員長　そのへんはちょっと言えません。

この他にもいろいろ突っ込んだ話を聞き、4時間半にわたる会見となりました。終わったときは、肩が異様に凝っていたのを記憶しています。

長時間の会見のなかで趣味を聞いたりしたときが、唯一、気の休まるときでした。

私が古典について話すと、意外なことに、

「『忠臣蔵』は嫌いじゃない」

と委員長がつぶやいた言葉が印象的でした。

中核派系全学連委員長の単独インタビューを掲載した『「全学連」研究』（青年書館）は、1985年5月に発売されました。

中核派系全学連委員長との会見は、一部のメディアで取り上げられたものの、反響はほとんどありませんでした。

自分にとってみれば、長年こだわってきた革共同両派の内ゲバ停止の切なる願いをぶつけてみた、ということが果せただけでもよかったと思いました。

殺し合いをしたいのなら勝手にさせておけばいいじゃないか、という意見もありますが、私を動かしたのは、有能な若者同士が憎み合って血を流さなくてもいいじゃないか、という単純な気持ちでもありました。

会話が後に重要な意味を持つ場合がある

単独会見から半年が経過しました。

1985年11月29日。

朝起きて、これから都心に向かおうとしていた私は、テレビが異様な光景を映し出しているのに気づきました。どのチャンネルもあちこちで黒煙が立ち上っているシーンを放送しています。

「首都圏及び大阪地区の計8都道府県にある計22線区の線路の通信ケーブル、変電所、信号ボックス等合計33箇所が切断、放火された模様です。関東及び関西方面は、全線ストップ。犯行は、中核派・人民革命軍によるものと判明……」

変電所やケーブル切断場所が放火されて黒煙が立ち上り、国鉄はマヒ状態に陥っていたのです。

「国鉄分割民営化に反対する中核派のゲリラだと思われます」

緊急ニュースがつづきます。

「国鉄浅草橋駅が中核派部隊によって放火炎上中」と、興奮した記者が報道しています。

学生部隊がビール瓶ケースに火炎瓶を詰め込み、隊列を組み、駅舎に突撃したのです。

駆けつけた機動隊に撃破され、現場は戦場のようになっています。

ビール瓶ケースに火炎瓶を詰め込み、突入をはかる、という報道に、私はふと、太平洋戦争末期、沖縄に上陸したアメリカ軍の戦車に、地雷を抱えて特攻した、鉄血勤皇隊の少年兵を思い出しました。

さらに衝撃が走ります。

「浅草橋駅放火の現場で、中核派系全学連委員長が逮捕された模様です」

半年前、前進社で4時間半にわたって会見したあの委員長が、現場で指揮していたのです。

「『忠臣蔵』は嫌いじゃない」

敵討ちを企《たくら》んでいるのではないか、と吉良側に監視されていた大石内蔵助が、茶屋で遊びほうけて、あえて敵味方をあざむく、というあの有名な逸話が思い出されました。

戦後最大のゲリラ事件が発生したその日の午後、各メディアから私のもとに取材の申し込みが殺到しました。

私がおこなったあのときの単独会見は、革命軍について中核派最高幹部が直接言及した貴重な内容だったのです。後になって、会見記録があらためて重要な内容になっていたというわけです。

聞けるときには聞いておくものです。

いわゆる過激派に関する分析・評論の仕事が私のもとに押し寄せ、この流れは翌年、東京サミットが開催される直前、過激派が開催阻止を唱えるまでつづきました。

中核派系全学連委員長は懲役16年の長期刑をへて、出獄しました。

思わぬところで、反体制運動の分析・評論の仕事が殺到した私ですが、気分は複雑でした。

自分だけが安全圏にいるような気がして――。

第三章　悩める少女たちの素顔

AV女優、風俗嬢たちの心が開くとき

20年前、AV女優に私生活を聞くことはタブーだった

〈僕は映画論やらビデオ論などというものははなから興味がなく、というよりも無知で、門外漢です。ですから僕は本業である中核や革マル、日共といった反体制セクトの分析や、プリンスホテルや帝国ホテルの企業研究といった分野と同一線上にアダルトビデオとその女優達を捉え、現代社会の一社会現象として分析してきたつもりです。……僕の灰色の脳細胞を混乱させ、最も分析困難な研究対象になりつつある彼女達。眠狂四郎的風貌の奥出哲雄氏の樹液のしたたり落ちるような対談は僕にはまだ無理でしょう。僕は僕なりにやるしかありません。今、僕の目の前には、中沢慶子がいます。同姓のよしみか、本誌編集長の中沢慎一氏もいます。対談前日、僕は撮影現場で中沢慶子と出会いました。〉(「ビデオ・ザ・ワールド」1987年8月号)

肩肘張った文章はまちがいなく20年程前、私が書いたものです。

『「全学連」研究』をこの2年前に書き下ろして、社会問題評論家のような存在になりつつありました。

ところが、取材で裏社会の著名人と出会ったことがきっかけで、私も彼の引力に巻きこまれ、彼が村西とおるというAV監督になると、私も文筆活動の合間、シナリオや助監督として現場に顔を出すようになりました。

そんなことで、私はお堅い社会評論以外にも、白夜書房が出していた（現在はコアマガジンより発売）「ビデオ・ザ・ワールド」に原稿を書くようになったのです。

ある日のこと。

知り合いのカメラマンがスタジオにYという18歳の女性を引率してきました。

デビュー前の新人です。

その場で採用されて、写真撮影となったのですが、こんな可愛い子がなんでまたAVに出ようとするのだろうと、当時29歳の私は不思議に思ったものでした。

高校を卒業して浪人中のYは、おニャン子クラブのメンバーよりもはるかに愛らしく、タレント性もあるように見えます。

写真撮影が終わり、Yを東京の郊外まで車で送っていく途中、話を聞きました。

両親の仲は良好とは言えず、高校を出てから彼女はひとり暮らしをはじめていました。そろそろ結婚を考えていた29歳の私には、助手席に座る彼女が天から降ってきたような気がしたものです。

芸名は私がつけました。撮影にも付き添いました。

知らぬ間につきあうようになっていたのですが、Yは私の前からいなくなったり、また舞いもどったり、という気まぐれぶりでした。

それから1年半後、「ビデオ・ザ・ワールド」から連載の誘いがありました。

「AV女優インタビューをやらないか」

現任者の奥出哲雄が連載を降りる、というのです。

インタビューした小林ひとみがなかなか話をしてくれないことに、さすがの重鎮も愛想をつかしたのが降りる一因でした。

いまから20年前のAV女優というのは、まだ不安定な存在で、インタビューに登場するのはごく一部、やっとインタビューに応じてくれたとしても、プロダクションの制約と女優の個人的な事情から、まともに答えてくれるケースのほうが稀でした。

女優の個人的な事情、というのは、〝親バレ〟〝彼氏バレ〟と呼ばれるもので、両親や恋人にAV出演の件が露見することです。

彼女たちが最も恐れることなので、インタビューで私生活について触れることはタブーに近い状態でした。

当時のインタビューは、仕事の話中心で、仕事にかこつけて初体験や性感帯、好きなタイプの男、といった話を聞き出すのですが、女の子によっては、そういった質問も拒否反応を示すケースが多く、私生活の話は論外といった感じでした。

さらに、AV女優が誕生してまだ歴史が浅いからか、インタビュー慣れしていない子がほとんどで、マネージメントしているプロダクションもどうやって答えさせたらいいのか、模索中といったところでした。

政治・経済・事件を扱うメジャー誌では、堅い記事の中に息抜き用のページを設けるために、AV女優インタビューを割いていましたが、あくまでも色物ページとしての扱いであり、しゃべってくれないAV女優の分を水増しして、会話よりもオーバーに書く傾向が強かったのです。

そんななかにあって、村上龍監督作品「限りなく透明に近いブルー」の助監督をしたこともある奥出哲雄は、映像への博識さと女優への関心の深さから、深みのあるインタビュー記事を書いていました。

その後釜に私がすわることになるのですから、覚悟がいります。

それでも、他人の半生を知りたがる私にとっては、断り切れない仕事です。

AV女優の半生を知りたい。

それはイコール、Yを知ることでもありました。

時折現れてはまた消えるYを追い求めることはあきらめて、私は毎月登場するAV女優たちの話を聞くことに専念しました。

それがまさか20年後のいまもつづく息の長い連載になるとは夢にも思っていませんでした。

記念すべき第1回の相手は、1987年6月、当時最も売れていた中沢慶子でした。

冒頭の引用文は、連載をはじめるにあたっての、私なりの気構えを宣言したものですが、かなり気難しそうで、恥ずかしい。

〈僕の灰色の脳細胞を混乱させ、最も分析困難な研究対象になりつつある彼女達〉という一文は、Yに向けたものでもありました。

第1回に登場してくれた中沢慶子ですが、人気絶頂のとき、突然姿を消していました。

〈本橋　たくさん主演していながら突然「引退」という話が流れたけど。

中沢　それは違うんです。

中沢編集長　我々が聞いたのは「親にみつかったんで岩手に帰った」って。

中沢　いま現在もめているんだけど。……2、3回親とごたごたしてる。親はその場では納得してくれても、色々中傷が入っちゃうから、結局元のもくあみにもどっちゃう……。〉

AV女優最大の障壁である〝親バレ〟問題がすでにこのときから大きく立ちふさがっています。

〈中沢　あのね、わたし、このお仕事するようになった最初のころは事務所から「何も言うな」って言われたの。（週刊）「プレイボーイ」の取材のときもノーコメント。この前の「ロードショー」の記者の人には「わたし、処女です」って言ったら、その通り記事になっていた（笑）。〉

親バレを一番警戒するのはAV女優だけでなく、マネージメントしているプロダクションも同じことで、インタビューでも〝親バレ〟になりそうな家族のことや私生活を話すのは、禁じられていました。

私のテーマは、彼女たちの半生を知ろう、というものでしたから、彼女やプロダクションの人間にとっては、ありがた迷惑な話だったことでしょう。

連載をしていくうちに、家族の話を聞こうとすると、隣にいる強面のマネージャーに救いを求めるAV女優が少なからずいました。

それでもこっちは、半生が知りたい。

当時のインタビュー原稿を読み返してみると、私の会話がやたらと長いことに気づきます。いまではこんなに長くは話さないし、原稿に書きません。裏返して言えば、20年前の彼女たちはインタビュー慣れしていなかったので、どうしてもインタビュアーの話が多くなってしまったのでしょう。

悩める少女たちの奥底にあった家族問題

毎月、AV女優と話をしていくうちに、ある特徴に気づきました。

明るく語る彼女たちですが、中身は深刻な問題です。

仲村梨紗

〈本橋　両親はいまの仕事知ってるの？

仲村　ううん。あのね、お父さんいるんだけど、めかけの子っていうのかな、そういう感じ。なんか複雑なんだ。お父さんがたまたま京都に仕事しにきたとき、お母さんと知り合ってできた子が、わたし。

本橋　お父さん何している人？

仲村　お父さんは役者さん。

本橋　歌舞伎役者？

仲村　うん。

本橋　有名な歌舞伎役者？

仲村　かなあ。生まれてそんなに会ったことがないからよくわからないけど。〉

篠宮とも子

〈篠宮　あの……父と母が別居中なんです。わたしが高校生のころから。実際思うんだけど、いまのわたしの精神状態を作り上げたのもその別居あたりからですね。

本橋 その話、したくない？
篠宮 いえ、べつに。もう乗り越えちゃってるから平気。
本橋 どんなトラブルだったの？
篠宮 わたしが中学くらいから父が使途不明の借金作っていたんです。そのころってわたしものすごくお父さんっ子だったんですよね。母親が嫌いでしょうがなかった。わたしが活字中毒なのも父の影響なんですよ。父はからだが弱かったせいもあって1日おきにタクシーの運転手やってたんですよね。で、一日中仕事やって、明けて帰ってきて、家によくあるでしょ、こんなお膳みたいな黒い長方形の机が。その前にあぐらをかいていつも本読んでる人だったんです。とにかく家が全部本だらけだった。そのころのわたしって母が大嫌いだったんですね。いまはすごく好きだけど。〉

観月マリ
〈観月 わたしが3つのとき、親が離婚したんですよ。わたしはお母さんと一緒に生活して、お父さんは兄を引き取って。
本橋 それで中年の親父が好みなんだ。
観月 うん。ファザコンなのかもしれない。

本橋　父親に会いたいと思わない？

観月　うん。無関心だから……。会いたいとは思わない。お母さんはわたしが小学1年生のときに違う男の人と一緒に住むようになったんだけど、わたしはその人が嫌いだったからお父さんとも思ってないの。生理的に受け付けなかった。〉

佐々木優

〈佐々木　家族は母、姉、わたしの3人。

本橋　お父さんは？

佐々木　離婚しちゃった。わたしが小学5年のときに。

本橋　そうか……。思春期のころだからショックだよね。

佐々木　うん。父がいないといじめられるの。子どもっていじめること気にしないでしょう。

本橋　ああ、残酷だよね。

佐々木　よく言われたの。「おまえはお父さんがいないくせに」とか。

本橋　いま、会ったりしてるの？

佐々木　ううん。別れてから一度も会ってないし、会いたいとも思わないし。いま、どこで何してるのかも知らない。

本橋　何か思い出に残っていることってある？
佐々木　そうだなあ……。別れる前にお父さんと姉とわたしの3人で鴨川シーワールドに旅行したの。たしか3月か4月だったたと思う。「どっちについてくる？」って聞かれたんだけど、わたしは何も言えなかった。
本橋　難しい選択だよね……。
佐々木　うん。
本橋　せつないときの思い出って、あとで思い出すと曇りの日っていうのが多いよね。
佐々木　ああ……。
本橋　それってイメージのせいで勝手にそう思い込んでるんだろうな。
佐々木　天気かあ……。そういえば小雨が降っていたかもしれない。〉

可愛ゆう

〈可愛　両親はわたしを産んで離婚しちゃったんです。だからお母さんの記憶がないんです。父親ひとりに育てられた時期が長かったんですよ。小学校から中学校までずーっと。お父さんもてるみたいですね、いま49歳、もう50になってしまうので心配ですわたし。お母さんが引き取りたかったんだろうけど、父がわたしを離さなかったんですよ。おまえに母親の資格がないって。お母さんに聞くと、お父さんが渡してくれなかったって言ってるけど、お互いの言い分もあるから、わたしはまあいいやって。お父さんは東京で暮らしながらわたしを田舎のお婆ちゃんに預けていて、あるとき突然お父さんが迎えに来て東京で一緒に暮らすようになったの。いまは両方とも再婚してるけど。

本橋　お母さんとは一度も会ってないの？

可愛　物心ついて1回会わせてもらったことある。高校生のころ、生みのお母さんの顔も知らないから会わせてくれって、お父さんに言ったの。会ってみたらわたしってお父さん似なんだなって思ったの。変よね、お母さんって呼べなかった。生みの親は生みの親だけなんだなあって。妙に醒めちゃった。お母さんは再婚していまは地方で暮らしてる。

本橋　一番つらい思い出はなんだろう。

可愛　家族の食卓がもてなかったこと。「お父さんお母さんいただきます」って、なかったねえ。かわりに友だちの家でやってたね。でも所詮他人の家だから我が家じゃないでしょ。だから絶対食卓をもちたいって夢がある。〉

美里真理

〈美里　うちってわたしが中学3年のときに離婚してるんですよ。母とはいまもつながりがあるから母にはAVのことは言ってるんだけど……。父はいま何やってるのかも知らない。
本橋　中学3年っていえば思春期でしょう。傷つく年ごろだよね。
美里　うん。ちょっとショックだった……。しょっちゅうケンカしてたし、別れたときは、なんだこのやろーって思ったけど、まあ夫婦っていうのも色々あるんじゃないかな。〉

浅倉舞

〈本橋　お父さんは何やってるの？
浅倉　都内で焼鳥屋。うち、離婚してるんですよ。わたしが小学校5年のとき。わたしは実家でお兄ちゃんとおばあちゃんと3人で暮らしてた。両親は離婚してすぐ家を出て行っちゃったんですよ、ふたりとも。
中沢編集長　冷たいよなあ。
浅倉　なんで？　冷たくない、人生だから。わたし、小学校6年のときに父親から「おまえは俺に干渉するな。そのかわり俺もおまえに干渉しない。俺は俺の人生だ。おまえはおまえの人生だ」って言われたんですよ。それが当たり前かな。かえってわたしはありがたかったと思いますよ。いまはお互い再婚してるけど……。両親同士は一切会わないですよ。子どもとは会うけど。

本橋　ふーん……。舞ちゃんってどっち似なんだろう。
浅倉　お母さんにそっくりですよ。〉

林由美香
〈林　うちってわたしひとり娘なんだけど、わたしが小5のとき、両親が離婚したの。離婚前も母親はスナック経営したり、新宿で店出したりしてほとんど週に1回帰ればいいほうだったのね。だから離婚したときも、それほどショックじゃなかったんだけどね。それで普通は母親のほうへつくもんだけど、わたしってどういうわけだかお父さんがかわいそうになっちゃって、お父さんのほうについたわけ。パパがかわいそうーって。その父がね、わたしが高校2年のころに友だちのお母さんとくっついちゃってね、とうとう再婚することになったの。むこうのお母さんも友だち連れてくるから家も狭くなっちゃうでしょ。こりゃあたしひとり暮らししたほうがいいなって思って、部屋借りてひとり暮らしはじめたの。それで夜のお仕事、パブやクラブでアルバイトするようになって、そのうち学校もだんだんさぼるようになっていったのね。それからですね、ディスコに行くようになったのは。〉

〝面倒を見すぎる女〟は彼女たちの特徴

武蔵野台地の真ん中で生まれ育ち、両親もそろい、中流家庭で育った私にとって、毎月出会う彼女たちの大半が家庭に問題を抱えていた事実は、衝撃的でした。

親の離婚はYも当事者でした。

20年前といえば、アダルトチルドレンや共依存といった心理学のアプローチがまだ一般に広まっていない時期でしたが、すでに彼女たちは身をもってアダルトチルドレンや共依存を語っています。

幼いころ、アルコール依存症の父親のいる家庭で育った子どもは、不安定な環境によって成人してからも問題を抱えてしまう、というのが本来のアダルトチルドレンの意味ですが、それ以外にも、幼いころの家庭環境が不安定だった子どもに対しても用いられるようになりました。

すでに20年前、インタビューした彼女たちの不安定な日々を掘り下げていくと、幼いころの親子関係にあったことを、みずから告白していました。

アダルトチルドレンに見受けられる共依存の問題も、告白しています。

共依存は、自分自身の問題に向き合うよりも、恋人や友人のために尽くすことであり、問題を抱えた男ばかり愛するようになることです。

アダルトチルドレンによく見られる特徴で、面倒を見すぎる女と問題ばかりおこす男、の依存的組み合わせになります。

浅倉舞
〈浅倉　してあげるのが好きなんです。尽くされるのが大嫌い。うちの母親もそうなんですよ。尽くすタイプなんです。しょうがないですよね、そうなっちゃってるし、変えようがない。だからどんどん男がダメになっちゃうんですよね。わたしも尽くしまくってる。パンツや靴下はかせるときもある。〉

美里真理
〈美里　相手に尽くすのが好きなんですよ。それがいいのか悪いのかわからないけど。
本橋　その彼とはなんで別れちゃったの？
美里　暴力ふるう人だったの。それに耐えられなくなっちゃって……。わたしを殴ったあと、悪いなって顔するんだけど……。〉

可愛ゆう
〈可愛　元彼はわたしよりひとつ年下でさんざん苦労して別れた。暴力もあったけど、浮気がもう凄かったから、わたしが後始末したこともあったし。彼女から電話がかかってきて、「あんたなんなのよ」「わたし、彼女ですけど」「やっぱり女がいたのね」「ごめんなさいね。うちの彼は浮気性だから」って、そういうのに疲れちゃったんですよ。〉

彼女たちが一様に語る言葉に、心理学用語よりももっとリアルな現実を見る思いがします。もっとも最近では、あまりにもアダルトチルドレンが広まったせいで、ちょっとした家庭のトラブルをすぐに拡大解釈して、自分をアダルトチルドレンだと告白する過熱ぶりが世間に広まっているようですが。

20年前の私のインタビューは、敬語を省いた馴れ馴れしいものでした。

敬語は、相手と一定の距離感を保つための用語法という考えだったので、それほど年齢差のない彼女たちに敬語を使って会話するというのも、不自然ではないか、と思い、できるだけ敬語をはずした会話を心がけたものです。

いま読み返してみると、ずいぶん荒っぽい言葉遣いで、若かったなあと反省しています。

さすがに彼女たちの親のような年齢になったいまでは、友だち感覚の言葉ではなく、できる限り敬語を使うようにしています。

彼女たちが好む男というのも、世間一般の傾向と異なっています。

世間では、二昔前には、いわゆる3高というわかりやすい基準がありました。職業で言えば、外資系企業社員、医者、青年実業家、商社マン、広告代理店社員、TVディレクター、銀行員……。

ところがAV女優たちにとって、恋人の憧れの職業は、鳶職《とび》、土木作業員、大工、トラック運転手、といった肉体労働系が圧倒的に人気があり、また実際につきあっています。

これは風俗嬢にも同じことが言えます。

AV女優や風俗嬢が「わたしの彼氏は西新宿の外資系投資顧問会社に勤めてるの」というケースはゼロです。

倖田梨紗

〈倖田　男の人の筋肉が好きだから、ガテン系ばかりつきあったのかなあ。この年頃ってまわりはみんな学生じゃないですか。汗流してがんばってるからかっこいいのかな。

本橋　ガテン系の男たちって凛々《りり》しくて、かっこいいですよね。勉強しなそうだけど。

倖田　ほんと！　ことごとく頭悪いの！　漢字読めなかったり、言っても言っても意味がわからないの。これはこうだよって言っても、何回言ってもこの人たち、意味がわからないの。それに本読まないですよね。マンガばかり。コンビニ行くと、マンガ立ち読みしてる。あの人たちが興味をもっているのは、マンガと車とゲーセン、スロット。みんな、みごとに一致してる！

本橋　郵政民営化、構造改革とか、話に出てきませんか？

倖田　まったく言わない！　手紙書いても、漢字読めないから、ひらがなで書くんです。〉

相川みなみ

〈相川　鳶とか土方って、最初やさしいんですよ。力があるし、危ない職場だけど一生懸命仕事してる姿見てると、好きになっちゃうんですよ。でも、最後につきあった鳶の彼のとき、仕事のこと言われてむかついちゃってヒステリックになったんですよ。そしたら髪の毛つかまれて、壁にガン！　ってやられた。息が止まるかと思った。性格が自分勝手、自己中で、ついていけなくなった。土方とつきあっていたときは、土下座させられたんです。浮気なんかしたことないのに、携帯投げつけられて、当たって、最終的に、「あやまれよ」って言われて。「俺にはやくざの知り合いがいるんだ」って脅すんです。ひたすらあやまりました。別れるとき、苦労しました。

本橋　男で苦労してるんですね。

相川　外見は関係ないんです。中身です。それで誰でも最初やさしいから、わたしがのめりこんでいく。だから失敗するんです。〉

心に傷を持つ少女たちを癒すのは〝笑い〟である

肉体労働系の男を好きになる彼女たちですから、インテリ臭の匂う男はそれだけで敬遠されるものです。

日の当たる道よりも脇道を歩んできたような彼女たちは、スカウトマンの口説きでAVに出る人の好さもありますが、その反面、警戒心も強いものです。

そんな彼女たちの心を開かせて、家族や恋人の話を聞き出すのは、たやすくはありません。話を聞けたとしても、通り一遍のすでにマニュアル化された答えだったりして、なかなか本音が聞き出せません。

こんなとき、どうしたらいいか。

刑事のように強面で迫れば本音が聞き出せるわけでもなく、ますます殻に籠もってしまうでしょう。

では逆に、やさしく微笑みながら接していけば、心を開いてくれるのか。これもまた、難しい。彼女たちは、やさしく微笑みながら接してくる男たちに、痛い目にあっているから、簡単に心を開くわけもありません。

ではどんなアプローチがあるのか。

人間は10人いれば10通りの価値観があるから、それぞれ異なるアプローチがあるのかもしれませんが、ほとんどの女性に通用するアプローチ法があります。

それは何かというと。

〝笑い〟です。

この前、吉本興業が主宰する若手芸人の登竜門、新宿の劇場「ルミネ the よしもと」をのぞいたら、観客の99％は20歳前後の女性でしたし、何年かごとに巻き起こるお笑いブームを支えているのも女性です。

笑う行為には、心を解きほぐすすぐれた作用があります。

緊張感溢れる現場でも、たった一言によって笑いが起こり、場がなごむことがよくあります。

特に若い女性は、最も笑いに飢えている世代です。

彼女たちにとって、笑うことは、全身の筋肉と緊張がほぐれる一種の性的快楽につながるのでしょう。

だから、若い女性たちにモテる男、というのは、笑いをとれる男です。

初対面のAV女優に心を開いてもらうのも、やはり笑いが一番です。

私は人見知りが激しく、羞恥心が強く、口べた、と言いましたが、ひとつだけ、取り柄があるとすれば、笑いをとることに関してはひけをとらない点です。人一倍、他人の心を気にする癖から来ているのでしょう。

太宰治流に言えば、道化の美学です。

場がシラけていれば、まず自分がなんとしてでも何か笑いをとって場をなごませたい。気難しそうな人になんとかして、早く打ち解けてもらいたい。そんなやきもきした気持ちで、私は笑いをとることに体を張ります。

幼いころから、笑いの感覚を磨いたせいか、大人になって、異性を笑わせることは不得手ではなくなりました。

AV女優のインタビューでも、警戒心を解く際に、大いに役立ったものです。

これは、なにもAV女優だけではなく初対面の女性に対しても、有効です。

いくらハンサムで身長が180センチで慶応を卒業している商社マンでも、気取っているばかりで、会話に笑いが入らないと、いつか女性は飽きてしまうものです。

私は初対面のAV女優に対しては、いつも自分の犯したほろ苦いミスを話して笑いをとったものです。

たとえば、大学生のころ、好きな女の子がいるグループとクリスマスパーティーを江古田に住む友人のアパートで開いたとき、先に到着していた私は、緊張のあまり、お目当ての彼女が来ても、スポーツ新聞から目が離せず、隣の友人から「いつまで同じページ読んでるんだ」と、突っ込みを入れられたときの回想など、笑いのツボをとらえたカードになっています。

インタビューに登場するAV女優は、インタビュアーの男というのは、いままでさんざ女遊びをしてきた手練れだろう、と思い込んでいるものです。

実は私にだって女が苦手な時期があったんだ、と親近感を覚えてもらうには、過去の失敗談が何よりです。

月収200万円の指名第1位六本木キャバクラ嬢から転身した、早川瀬里奈の場合。

〈本橋　芸名もルックスもいかにもキャバクラ嬢っぽいですよね。

早川　ほんとですかあ。「おまえと歩いていると、キャバクラ嬢っぽくないからいい」って言われるんですよ。

本橋　いやいや。理想的なキャバクラ嬢ですよ。

早川　そうですか。まだセーラー服もいけますよ。

本橋　私も昔、キャバクラによく行ってました。

早川　よかったですか？

本橋　「キャバクラ被害者の会」副代表やってました。

早川　アハハハ。

本橋　ビデオで見るより大人っぽいですね。

早川　デビューして半年たってるからかな。
本橋　キャバクラ嬢出身の単体女優っていうから、ユルいからみなのかなと思って見ていたら、すごいハードでしたね。エグいですね。
早川　えー、エグかったですか？〉

「キャバクラ被害者の会」はよく使うネタです。というか、実際にこの会は存続していて、代表にはやはりキャバクラ好きのAV監督日比野正明やバクシーシ山下に就いてもらうといったシャレのめした会でもあります。
当事者のキャバクラ嬢ほど、「キャバクラ被害者の会」はウケます。
早川瀬里奈は、この会の話ですぐに打ち解けて、あとはもう自然の流れで楽しい話が聞き出せました。

やはりカリスマキャバクラ嬢だった美貌の女、滝沢優奈の場合。

〈滝沢　都内のあちこちのお店、数え切れないくらいのお店でやってましたね。
本橋　こう見えて、私、「キャバクラ被害者の会」の副代表だったんですよ。

滝沢　アハハハハ！　被害者の会？　アハハハハ！　おもしろい。
本橋　代表に、日比野正明監督、そして名誉代表にバクシーシ山下監督。
滝沢　何かするためにそれだけでキャバクラに通ったんですか？
本橋　あのころ独身で、雅やかで派手な所にひかれたものです。
滝沢　ああ、そうですね。
本橋　キャバクラ時代の話を聞かせてくれますか？
滝沢　はい。キャバ（クラ）のスタートは、高校卒業してすぐですね。一番初めに行った店が派閥が激しい所で、怖くて、2日くらいで終わったんですね。女の子の歳が高かったんですよね。2軒目は歳が近い女の子ばかりで、働きやすくて1年通ってました。店っていうか居酒屋みたいな雰囲気で、遊び気分でやってました。そのころはまだキャバに目覚めてなかったんです。ただ働きに行って、指名も関係なしでやっていたんです。みんなで仕事中に、お客さんひっかけに行くふりをして、日サロに行っちゃったりしました（笑）。お店を転々として、20軒くらい1日体験入店したんです。体入で荒らしました。
本橋　働きやすい店って、たった1日でわかるんですか？
滝沢　ええ。お客の層、従業員を見るんです。働いているうちにやっとキャバがわかりはじめてきたんです。同伴もしたし、貢いでもらったし。

本橋　一番高い貢ぎ物は？
滝沢　（思い出している）あー。ウフフフフ。一番高いのは……ウフフフ、部屋とか。〉
同じくキャバクラ嬢出身、最近のAV女優人気ランキング第1位の吉崎奈緒の場合。

〈本橋　この仕事する前は何をしてたんですか？
吉崎　そのころキャバクラ嬢をやっておりました。
本橋　ああ。私、「キャバクラ被害者の会」副代表をやっていました。
吉崎　えー。キャバクラで被害にあったんですか（笑）。
本橋　はい。
吉崎　友だちがキャバクラで働いていたから、誘われて入ったんです。キャバクラは絶対男の人はやりたくて来てるんですよね。
本橋　恋をしようと思ってました。
吉崎　十人十色ですね。
本橋　昔、キャバクラ雑誌「クラブアフター」でナンバー1キャバクラ嬢のインタビューやってたこともありました。

吉崎 うわー！ わたし、出たんです。気まずいー。〉

身に着けているアクセサリー、洋服、時計にはドラマが眠っている

キャバクラ嬢ほどウケるのだから、自虐ネタも使ってみるものです。

ちなみに、キャバクラで「被害者の会」のことを話すと、それまでツンとしていたキャバクラ嬢も、水割りを吹き出しそうになるほど、ウケます。

こういった自虐ネタはウケます。

女性はプライドが高いので、男のこの種のネタにもろに反応してきます。

キャバクラ専門雑誌「クラブアフター」で、カリスマキャバクラ嬢のインタビューを連載したことがありました。

皆、指名客を数多く抱え、指名されてもすぐに座席に着けないほど、売れっ子です。

そんな彼女たちに、AV女優インタビューと同じく、私生活の話や家族の話を聞き出そうとするのですが、AV女優より難しさがありました。

一種の幻想を売っているキャバクラ嬢ですから、幻想を打ち消すような私生活の告白は、話したがらないのです。

それにインタビュー慣れしていないせいか、なんで自分が親の話までしなくちゃいけないの、

といったノリがAV女優のときよりも強く感じられました。

それでも、私はキャバクラ被害者の会副代表の肩書きをちらつかせ、笑いをとりながら、少しずつ彼女たちの心を開いていくしかありません。

このとき、役だったアプローチ法がもうひとつあります。

AV女優やキャバクラ嬢に限ったことではなく、あらゆる女性に言えることですが、着ている服や時計、アクセサリーはどれか1点必ず話題に上らせることです。

お金を貯めて買った大切なエルメスのスカーフを話題にして誉《ほ》めることは、間違いなくプラスになります。

あるいは、最近ではネールアートに時間を費やす子が増えているので、華麗な爪を見たら、真っ先に賞賛するのは、男の最低限の礼儀でしょう。

女性がおしゃれをしてきたポイントを賞賛しないのは、男の値打ちを下げることでしかない。

若いころは、ヴェルサーチとヴィトンの違いもわからなかった私ですが、長年のミーハー心で培ったブランド知識は、こんな所で役立っています。

女性が身に着けているものに話題を向けると、思わぬ話が聞けたりします。

たとえば、六本木の人気キャバクラ嬢に、右の薬指にしている指輪について尋ねたときでした。

ありふれた指輪ですが、実は亡くなった恋人の遺品だったのです。しかも事件に巻きこまれ、殺されたという話だったので、それまでの退屈な話題から一気にドラマティックな内容に変貌しました。

女性には2種類の傾向があって、みずからの不幸を積極的に話したがる女性と、あえてみずからの不幸を話そうとしない女性に分かれます。

身に着けている些細《ささい》なものでも質問することは、不幸な話をなかなかしてくれない女性の口を開かせるきっかけになるものです。

肉体の傷跡はあえて聞くべきである

おしゃれを誉めるだけでは相手を理解できません。

その逆に、相手が聞かれたくないこともあえて聞き出す、タフな精神力も必要になってきます。

20年前にはめったに見られなかったのに、ここ最近急激に増えてきたのがリストカット現象です。

20年前にはリストカットの代わりに、根性焼きと称して火のついた煙草を押し当てて、火傷《やけど》痕を自慢するのがヤンキーたちの間で流行しましたし、実際に風俗嬢たちの間でよく見かけたものです。

リストカットが増えたのは10年くらい前からでしょうか。手首に横にすっと引いた切り傷が無数に、残っているのです。

売れっ子のヘルス嬢の左手首に、2日前に切った生々しい傷跡があったケースもあります。

本来なら心の傷の表出でもあるリストカットのことは、聞くべきではないのでしょうが、当の本人にとって大きな影を落としたそのことを、聞かないのは聞き手として失格です。

ここはどんな傷跡であろうと、聞くべきです。

ただしタイミングが問題で、話の前半から聞き出すのは早すぎるし、後半からではなかなか深い話まで聞き出せないので、話の中盤あたりで質問してみるのがベターだと思います。

つい先日ですが、あるグラビア撮影の現場でのことです。

人妻のモデルが登場しました。

32歳、夫の知らない平日の昼間、AVや雑誌グラビアで裸をさらすのです。男好きする顔つきで、スタイルもいいのですが、ふと腹部に目をやると、みぞおちからヘソ下まで縦に傷跡があります。

最近の帝王切開は傷口がとても小さくて目立たないのですが、32歳の人妻モデルの傷跡は相当目立ちます。しかも、傷跡がまだ新しいようです。

「その傷はどうしたんですか」

迷うことなく、聞いてみました。

人妻モデルは嫌な顔もせず答えてくれました。

「これ、胆石の手術なんです」

体質と日頃の酒のせいで、石が溜まり、3ヶ月前に手術をしたというのです。

「初めて聞かれた」

と彼女は言っていましたが、それほど嫌そうでもありません。

私はフォローをしました。

「3ヶ月しかたってないのに、もう仕事してるなんて、偉いですね。働き者で尊敬します」

すると、人妻モデルはさらにこんなことまで告白しました。

「わたし、週4日、吉原でも働いているんです」

35年住宅ローンを返済するために、人妻は必死になって働いていたのです。だから、胆石の手術痕くらいで仕事を1ヶ月も休むなんて考えられないのです。

傷跡を尋ねなかったら、吉原のソープ嬢の話は表に出てこなかったでしょう。

傷跡にはその人の歴史が刻まれています。

さんざ他人の傷跡を暴いてきた私ですから、みずからの傷跡も告白すべきでしょう。この私も、左手首と左肘に傷跡があります。

手首のほうは、小学2年生のとき、休み時間にブランコに乗っていて、後ろ飛びで着地に失敗して、地面に手首を打ち付け骨折したときの手術痕です。2週間の入院生活をいまだに鮮明に憶えているほど、8歳の子どもにとって衝撃的なアクシデントでした。

入院中、白衣の看護師さんが太陽の下、包帯を干していたのどかな光景が思い出されます。

左肘のほうは、高校3年の晩秋、交通事故にあい、骨折したときの手術痕です。

後述しますが、このときは受験をあきらめようかと思ったほど、ダメージが強かった。

ふたつの傷跡に、自分の過去が忘れられることなく刻まれています。

人間にとって一番つらいことは、存在を無視されることでしょう。

いじめのなかでも、無視されることが苦痛になり、みずから命を絶つケースがあります。

無視されることは、生命を否定されることに等しいものです。

だから相手と話をするときは、どんなものでも尋ねてみるべきではないでしょうか。

聞かないことで大切なことを聞き逃すよりも、あえて聞いてみるべきではないでしょうか。

もしも聞いてから相手が気分を害したようだったら、素直にあやまればいいのだから。

マゾ的な女性ほど、秘めた過去を話してくれる

ＡＶ女優や風俗嬢は、マゾ的な性向を持っているものです。堕《お》ちていく快感、のようなものを感じ取っています。

マゾの最大の快感は、自分に加虐的な行為がおこなわれることですが、それは自分に注目してもらいたいことの裏返しでもあります。だから、彼女たちに様々な質問を投げかけることは、彼女たちの「わたしを見て」という根源的な欲求を満たしているわけです。

恋野恋

〈恋野　つきあった人がみんな変態だったので、開拓されたんです。ＡＶをはじめるとき、監督さんとの面接でも、Ｍだって言ってました。調教でもなんでもやってくださいって。

本橋　ああ。

恋野　男の人が気持ちよさそうにしているのを見ないと、だめなんです。〉

天宮まなみ

〈天宮　ちっちゃいころは何もできない子でしたね。家の中でおままごとしてるんですよ。それと砂遊び。顔はそのころから、写真見ても変わってないですね。そのころからひとつのことに集中すると、それればかりしてました。

幼稚園に入る前、鏡の反射がおもしろくて、午前中いっぱい遊んでいた記憶がありますね。自分の世界に入り込んじゃってたから、ほかのことはどうでもよかったんです。それに、精神的にMだから、ありえない人とかを好きになっちゃうんですよ。小学生のときに英会話を習っていて、イギリス人の先生を好きになっちゃったんですよ。絶対に手が届かないでしょう。イギリス人の先生には、まったく相手にされなかった。

本橋　人気の高い女子大だから、合コンもたくさんしてきたでしょう。

天宮　合コンやったけど、どうもあまり……。精神的Mだから、わたしに気がないような人に興味があるんですよ。追いかけたいのね。〉

宮路ナオミ

〈宮路　この仕事は他人から軽蔑される仕事のひとつだと思うんですよ。だけど、他人からああいう仕事してるんだぜ、って噂されることがわたしには快感なんですよね。誰からも噂されないことって寂しいと思うんですよ。悪口でもいいから、人の笑い話の種でもいいから、話題にされるのは幸せだなと思うんです。そういうものに自分がなれたことはうれしいことだし。

本橋　人間って、無視されることが一番つらいから。

宮路 そうですね。
本橋 十分注目されてますよ。
宮路 そうだといいですねえ。〉

早川瀬里奈
〈早川 自分がドMだと自覚したのは、痴女物撮ってからですね。しみじみ再確認したんです。妄想も、いじめられてる自分が圧倒的に多いんですよ。レイプ的、無理矢理犯されてるとか。罵声を浴びせられて犯されてるとか。そういうシチュエーション。〉

思うに、マゾ的な女性ほど、一度語り出すと、秘めた過去を言葉に出してくれるときが多いようです。
やはり無視されることが人間にとって一番つらいことであり、その対極にあるのが、相手が自分のことを注目してくれる行為でもあるマゾ的プレイなのです。

いままで秘密にしてきた過去が少女たちに存在していた

彼女たちと話をしていくうちに、もうひとつの家族問題に突き当たることになります。

両親が離婚しているケースが多いのは先に述べましたが、離婚した後、ついていった母親が再婚するケースがよくあります。

再婚すると、母親よりも年下の若い男が義父となって、家庭に入ってきます。そこで時々、表に出ない悲劇が生まれます。

義父にとってみれば、隣にいる娘は、結婚した妻の若いころの姿に見えてしまうのでしょう。その結果、義父による性的強要が娘にふりかかります。

「これは初めて言うことだけど……」

母親の再婚相手に理不尽な関係を求められた話は、またか、と思うほど、多くの女性たちから聞かされました。

なかには、娘に手を出したことが母に知られてしまった話もあります。悲しいことに、こうした場合、母は再婚相手を非難しないで、「あなたが誘惑したのね」と娘を非難する場合が多いのです。

家庭で拠《よ》るべき場所を持てなくなった娘たちには、慰める言葉すら見つかりません。

彼女たちが脱ぐに至る心境というのも、わかる気がします。

彼女たちは、ＳＯＳの信号を発信しているのでしょう。

親バレを恐れる一方で、見つかることも期待している。それは、親への復讐です。

もうひとつ。

いままで語ってこなかったが、ずっと言いたかったこと、という秘密があります。幼いころ、人に言えない性的陵辱を受けたケースです。

これは私の友人でもあるセクシータレントの場合です。

〈ちっちゃいころ、近所のおじいちゃんに手を引っ張られて人のいない所に連れていかれたのね。そこで「おしっこしなさい」って高い高いしてくれたの。そのときわたしのあそこになすりつけたの。〉

テレビでも活躍しだしたある人気AV女優の場合。

〈5歳のころですよ。友だちとマンションのエレベーターに乗ると、中学生が乗ってきて、ドアが閉まったとたんに急にキスしてきて、下をガッと触ってくるんです。女の子がもうひとりいるのに。すごい怖くて一緒にいた女の子が泣いちゃった。わたしのほうが怖いのに……。だからレイプ物が嫌いなんですよね。〉

カラオケボックスは告白の場所として最適

このふたりは不幸中の幸いというか、まだ被害が少ないほうでしたが、当人にとってはショックだったでしょう。

話してくれたものの、ショックがいまだ癒えず、記事にできなかった話も少なからずありました。

皮肉なもので、幼いころ、深刻な性的被害にあった少女は、成長すると性的な仕事に就きやすくなる、という傾向があるようです。

性とは乗り越えやすいもの、それほど大切ではないもの、と思いこみやすくなるからでしょうか。

こうした繊細な話を聞き出すには、第一章で紹介したように、緊張感を与える対面型の座り方ではなく、緊張感をほぐすL字型に座ることがポイントになります。

話を聞く場所ですが、人が大勢集まる喫茶店では、まわりの人間の目と耳を意識して、思うように話が聞き出せない場合があります。

だいたい昼間から喫茶店にいる男なんていうのは、暇を持て余している連中ですから、妙齢の美女がみずからの過去を語り出すと、新聞を広げながらじっと聞き耳を立てていたりするものです。

スケジュールの都合で時間があまりとれない彼女たちから、いったい街中のどこで話を聞き出せばいいのか。

これが結構重要な問題になります。

落ち合う場所に、会議室のある「喫茶室ルノアール」があれば、前もって予約できますが、そういった施設が見当たらない場合、どう対応するか。

私は迷うことなく、ある店に向かいます。

カラオケボックス。

最近、ブームが下火になったとはいえ、カラオケボックスはどんな街にもひとつやふたつはあるものです。密室性に富み、飲み物を店員が運んでくる以外は部外者が一切入らない、独立した空間です。音も漏れにくく、まず盗み聞きされる心配もない。それに、料金も安い。いざとなれば食事もとれる。

カラオケボックスは重要な話を聞き出す場所として、願ってもない空間です。それに、少女たちは、中学時代からカラオケボックスに入り浸った時期があるので、初対面の私と行っても警戒心を抱かないし、リラックスする効果もあります。使わない手はないでしょう。

いまだに女性インタビューの依頼が押し寄せることに

20年間の連載で出会った彼女たちは、240人近く、他の媒体で出会った人数が200人、撮影現場で出会った人数が200人、合わせるとおよそ640人のAV女優たちから話を聞き出してきたことになります。

彼女たちの多くは、幼いころに不安定な環境に育ったり、けっして良好とは言えない半生を歩んできたわけですが、不幸な形でみずからの命を絶った、というケースはほとんど聞きません。結婚の際にハンディになる、と思い込んでいるのは男の勝手な見方であって、彼女たちは、世間に溶け込み、家庭を築き、たくましく生きています。

もっとも、林由美香のように、ずっと現役をつづけ、34歳のある日、部屋で孤独死を迎えてしまった場合もあります。

私の手元には多くのインタビューテープが保管されていますが、その中のあるAV女優のテープは忘れられないものになっています。

10年前。

ジャケット写真撮影のためにスタジオで被写体になっているその彼女にインタビューをしに行ったときの90分間のテープです。

撮影の合間、なんとか時間を割いてもらって話を聞き出したのですが、いまでも録音テープからスタジオの騒然とした雑音に混じり、やさしい澄んだ彼女の言葉が聞こえてきます。

「読書が趣味ですね。最近読んだのでは、『アメリカインディアンの教え』がよかったです。落ち込んだりするときもあるんですけど、すぐに元気になるから。好きなタイプは尊敬できる人ですね。すごい甘えっ子なんですよ。このお仕事やっていて、前は有名になりたいとか、お金を稼ぎたいとか思っていたけど、いまは幸せな結婚ができたらいいなって考えてます」

光沢のある長い髪、吸い込まれそうな双眸《そうぼう》、愛らしい唇。

これからもっと売れる、という矢先、彼女はみずから命を絶ってしまいました。

もともと情緒不安定なところがあったようですが、男性関係の悩みで発作的にやってしまったようです。

死から最も遠い存在であるはずの若いAV女優の突然の死は、不合理な感情を私に投げかけました。

長時間話を聞いた相手が自殺した、というのはその彼女だけです。いまでもテープを再生すれば、生命に満ちあふれる声が聞こえてくるのが、なんとも言えない気持ちになります。

「ビデオ・ザ・ワールド」の連載はいまだにつづいています。

編集部の方針で、書き手に好き勝手に書かせる伝統があるせいか、逸材が集まっています。

B級グルメから芸能界について独自の視点を持つ藤木TDC。AV評論や叙情的な原稿を得意とする東良美季。遊郭のロマンを探り当てる『赤線跡を歩く』の著者木村聡（ハニー白熊）、そして、あの傑作『AV女優』の永沢光雄（惜しくも地上から去ってしまいましたが）。

ところで、20年前、つきあっていたYのことですが、その後、医師と結婚し、いまでは幸せな日々を送っているようです。

今年、再会してみると、20年前とほとんど変わっていなかったのが、なんだかせつなかった。

「僕の灰色の脳細胞を混乱させ、最も分析困難な研究対象になりつつある彼女達」から長年話を聞き出したおかげで、キャバクラ嬢から風俗嬢まで、対象が広がり、いまだに、女性インタビューではひっきりなしに私のもとに仕事の依頼が来ます。

「女性にあれだけのことを語らせてしまう本橋さんの取材にはいつも感心します」

と、ある女性編集者から過分なメールをいただいたことがあります。

「聞き出すコツを教えてください」という話も持ちかけられますが、コツはこの章で綴ったものがすべてです。

他人の半生が気になる私は、誰よりも一生懸命に話を聞くし、合間に笑いを持ち込み、退屈させないようにして、さらに、できれば彼女たちと恋愛関係にならないか、などと想像しながら話を聞いています。

第四章

究極のコミュニケーション〝応酬話法〟とは

言葉がエネルギーとなり、生き方を変える

意識を文章化することで、生き方が変わる

高校3年の晩秋、本川越駅から高校までの道のりが長かったために、友だちから譲ってもらった自転車に乗って、通学しだした数日後のことです。路地裏でトラックと衝突し、意識を失い、左腕骨折の重傷を負い緊急入院となってしまいました。

11月まるまる入院し、出てきたときはすでに真冬でした。

受験勉強を遅くスタートしていた私は、かなり焦りました。退院してから、まったく勉強に身が入らず、腑抜け状態になっていました。焦れば焦るほど、勉強ができなくなります。緊張していた糸がぷつんと切れた状態でした。

しばらくそんな無気力な日々がつづいたのですが、これではいけないと、自分で打開策をみつけようとしましたが、なかなかもとにもどれません。

受験用ノートも開きっぱなしで、勉強どころではありません。

まずは自分の心を整理しようと、図式で書いてみました。

自分の交通事故はたしかに不運ではあったが、不運＝不幸、ではない。

では、その逆に、幸運だったら、そのまま幸福になるのだろうか。そうとも限らないだろう。

不運 ― 不幸
×
幸運 ― 幸福

自分の不運をいつまでも呪っているよりも、幸福になるように努力すればいつか不運も幸福になるだろう。

その逆に、事故に遭わずにのんびりしていたら、いつか不幸な結果になったかもしれない。そう思えば、交通事故も受験期の彩りとしてあってもよかったのではないか、と思うようになりました。1ヶ月以上ロスした分、用意していた参考書の半分が手つかずのままでしたが、それもよし、と思うようにしました。結果的にはそれが集中力を高めることになり、運良く現役で合格できたのですから、運不運は後になってみないとどうなるかわからないものです。

このときの経験から、私は自分の精神状態を整理するために、心の内側を文章化するようになりました。

一日50本以上吸っていた煙草をやめるときも、そうでした。

禁煙は何度も試みたのですが、その都度失敗していました。ニコチンといえば、ヘロインやコカインと同等の極めて強い依存性を持つドラッグですから、そう簡単にやめられるわけがないのです。

子どもが生まれたのをきっかけに今度こそ本気でやめようと決心して、このときは、禁煙するにあたって、自分を納得させるための文章化を試みたのです。

「いままでの自分にとって煙草は必要だった。けれど、いまはもう自分にとって必要ではない」

と、ここまで文章にして自分に言い聞かせるのです。

肝心なのは、この後の文章です。

「いま、自分にとって必要なのは○○である」

とつづけるわけです。

私は、臆面もなく○○の箇所に「子どもと女房」と入れてみました。

吸いたくなったらこの文章を心の中で反芻《はんすう》するわけです。

ポイントは「いままでの自分にとって煙草は必要だった」というように、過去の過ちを否定しないで肯定することです。

こうすると、心に余裕ができて、新たな行動に移りやすくなります。

無限につづくかと思われた煙草の欲求も、この文章を反芻することでいつしか依存性が薄れ、気づくと煙草から解放されていました。

私の友人で、出版社を起ち上げた男がいます。

彼は十数年前までアルコール依存症で、再起不能と言われてきたのですが、開放病棟から退院して、ＡＡ（アルコホリークス・アノニマス）というアルコール依存症患者の自助グループに毎日参加しだしてから、酒から遠ざかることに劇的に成功しました。

それまで彼は何度も断酒に失敗し、気絶するまで飲みつづけ、意識が朦朧《もうろう》としながら外を放浪し、2週間ぶりに自宅にもどったときは頭から血を流していたり、最終的には歌舞伎町で意識を失い、保護しようとした警察官と乱闘騒ぎをおこすという有様でした。

このころの彼は「明日から飲まないようにしよう」と自分に言い聞かせ、断酒しようとしていました。

ところが彼が頭に刻んだ「明日から飲まないようにしよう」という文章では、絶対に断酒はできっこなかったのです。

ＡＡで学んだ彼は、文章をこう組み替えてみました。

「明日飲んでもいいから、きょう一日は飲まないでいよう」

酒に手が出そうになるとき、必ずこの文章を言葉にしてみたのです。

すると、不思議なことにそれまで彼を悩ませていた飲酒の欲求が徐々に減り、気づくと酒から解放されていたのです。

「飲まない」という動詞は、同じですが、「いつ」飲まないのか、そこを変えるだけで劇的な心の変化が起きたわけです。

言葉を組み替えるだけで、まったく異なる結果になった。

言葉は思考となり、エネルギーとなる。

人間が勝ち得た最も偉大な発明が、言葉でした。

励ましの言葉を投げかけるだけで、絶望に見舞われていた人間が立ち直れるのも、言葉が持つエネルギーでしょうし、逆に、悪意に充ちた言葉を投げかけるだけで、人間を絶望の淵に追いやることもできます。

言葉はエネルギーを内包しているのです。

私がいままでインタビューしてきた相手、コミュニケーションをとってきた相手も、すべて言葉のやりとりで成り立っています。

言葉だけでその人の半生を再現することができるのだから、まさに言葉は最高の復元力をもった人類最大の発明品です。

成功した人物ほど、独特の話法を持っている

言葉は、言霊《ことだま》と言い換えられるように、意志をもったものとして尊重されてきました。

マインドコントロールは、人間の心を操り、ある特定の人物や団体の価値観に染め上げてしまう精神改造術のことです。

オウム真理教のマインドコントロールが問題になったことで有名になりました。彼らのマインドコントロールを見ると、LSDを与え映像を見させて、恐怖心を与えることがテクニックに思えますが、その中心は言葉による意識の書き換えです。

麻原が「修行するぞ、修行するぞ」と何万回も復唱させたように、ある文章を反復することで、人間の意識を変えてしまうのがマインドコントロールの基本です。

マインドコントロールが言葉によるものであるから、脱マインドコントロールは言葉によるアプローチが最も有効になります。

オウム真理教の凶悪なマインドコントロールを解いてきた、脳機能学者苫米地英人博士によると、マインドコントロールはトリガー（ひきがね）とアンカー（錨）によって構成されています。

ライターの炎を見ると踊り出す、という催眠術があります。あらかじめ「ライターの炎を見たら踊り出す」と後催眠暗示をかけること、それがアンカーです。意識下に吹き込むのです。ライターの炎が後催眠暗示が表出する際のきっかけ、トリガーになります。

オウムのマインドコントロールでは、「疑念」という言葉がアンカーとして意識下に埋め込まれていました。オウムの教義を疑った瞬間に、ＬＳＤ修行で味わった恐怖体験を思い出すようにしているわけです。

だから「疑念」という言葉を聞いただけで、体が震え出すほど、恐怖体験を埋め込んでいるのです。

逆に、マントラを唱えることで、気持ちいい体験を再現できるようになっています。教祖の顔やマントラを唱えることがトリガーとなり、光が見えて快感になっていく。それがオウムの後催眠暗示的なアンカーになっています。

マインドコントロールは一度かかるとなかなか解けないと言われています。

これは、かけた本人ですらどんなアンカーを埋め込んだのかわからないので、いったん解けたと思ってもまたもとにもどってしまうわけです。

ハーレムをつくった男が一度、共同生活を解散させたものの、また女性たちがもどってしまったのも、その一例でしょう。

マインドコントロールが言葉によって強固な力を持つように、人間の意志は言葉によって成り立っています。

マインドコントロールをうまく利用すれば、自分を鼓舞するときにうってつけになります。

実際に私は数多くの人々から話を聞いてきましたが、成功した人物ほど、独特の話法を持っていることに気づかされます。

言葉によって意志が確固たるものになり、仕事でも恋愛でも成功していくのでしょう。その結果、個性的な言葉遣いが身についていくのでしょう。

言葉遣いが明るく、おしゃべりだと、陽気な人、と言われ、理論的な言葉遣いだと、頭脳明晰な人、と言われるように、個性とは、その人の使う言葉によって大半が決まるものです。

過去の体験を思い出すとき、視線は左上に上がる

言葉は人間関係を結びつける最も大切な道具です。

それに付随するのが、言葉をしゃべるときの人間の表情です。

多くの人々と話をしてきて、男女の性差に気づかされた点があります。

男の場合、話をしていて嘘をつくとき、あるいは意識的に真相をカムフラージュしようとするとき、視線を瞬間、はずす癖があります。

ところが女の場合、嘘をつくとき、男とはまったく逆で、相手の目をみつめて話しつづけます。ですから、嘘をつくのは女のほうが男よりも何倍も上手ということになります。

女性は、媚態をつくると、男が幻惑されて真相を見破れなくなる、という現実を幼いころか

ら体感しているからではないでしょうか。

私も過去に何度かインタビューした後、彼女が話していたいくつかの箇所ではぐらかされたという苦い経験がありますが、そのときも、じっと私の目をみつめて話していたのを思い出します。

精神的強靭さでは、あきらかに女性のほうが男性より上のようです。

さらに、相手がどれだけ真実を語ろうとしているのか見極めるリアルな観察法があります。

先の苫米地英人博士が私に語ったものです。

ジョンベネちゃん殺害事件の犯人とされた元教師がタイで逮捕されたときです。空港から一路アメリカに送還されるとき、記者の取材が放送されました。このとき、世界中が元教師の犯行と疑いませんでした。なにしろ、彼は〝自供〟しているのですから。

ところが、ただひとり、元教師は犯人でない、彼は嘘をついている、とブログで指摘した人物がいました。それが他でもない苫米地博士でした。

「本人の顔の筋肉の動き、眼球の動きなどから、殺害の体感記憶情報が読み取れない」

後日、元教師の自白は狂言だった、と判明するのですが、何故、逮捕から間もない空港でのインタビューで、苫米地博士は元教師の嘘を見破ったのか。

「人間というのは、眼球の動きで記憶をもとにしゃべっているのか、というのがわかります。

元教師の場合、記者会見で〝私がやった〟と犯行を認めたとき、記者が〝地下で？〟と尋ねると、〝イエス〟と答えました。そのときの目の動きが記憶から来る動きではなくて、現在の想像で言っているものだったのです。元教師は、右上に視線が上がった。それは現在の想像、イメージから動いているのです。左に上がるのは、海馬から過去の記憶をもとにしていることから来ているのです。CNNのニュースを見たとき、元教師の視線ははっきり右に上がっていた。なんだ、彼は嘘をついている、とすぐわかりました。妄想が記憶をつくるときがあります。妄想体験を記憶から引っ張り出そうとしている場合もあるのです。元教師はまさに妄想体験でジョンベネちゃんとの関係を語っていたのです。

ちなみに、あなたの隣にいる人に「きょうの朝ご飯、何を食べた？」と尋ねてみてください。過去を思い起こすとき、右利きの人間なら左上に視線が向きます。いま現在を起点に何かを想像するときは、右上に上がります。

脳機能学者苫米地英人博士は、神経言語プログラミングによる眼球の動きで、元教師の虚偽を見破っていました。そして、これは話す相手がどこまで真実を語っているのか、見極めるときにも有効な手段になります。

過去の体験を回想しようとするとき、視線が左上に上がれば、その人は本気で真実を掘り起こしながら語ろうとしているわけです。左上に上がらない場合は、現在の想像力で語ろうとしていることになります。

苫米地博士によれば、人間には右と左で自分の得意な側があり、さらに表情にも、右と左で自分の得意な側があるといいます。人間は嘘をついたり緊張すると、どうしても得意な側と不得手な側の表情のバランスが崩れ、筋肉が微妙にこわばるというのです。ベテラン刑事や苫米地博士は、相手の表情から、嘘をついているかいないかを読み取ることができるのです。ちなみに、ジョンベネちゃん事件では、苫米地博士によれば、「表情から読み解くと、母親の告白があまりにも不自然」ということでした。

それにしても、オウムは恐るべき相手を敵にまわしたものです。

究極のコミュニケーション〝応酬話法〟

応酬話法というコミュニケーション技術があります。

主に営業の世界で、新人に教育される、営業用トークのことで、営業マンならたいてい、マニュアル本を渡されて、先輩社員からしごかれるものです。

客からの質問や反応に応答するための基本的なセールス・トークで、最も大切な話法です。セールスするとき、客が「いま、欲しいものではない」と答えれば、営業マンが「いまのうちから備えていたほうが差がつきます」と対応する。あるいは「ちょっと高いからいりません」と断られた場合、「使い方次第で、どんどん割安になります」と答える。

このように、どんな客の断り方でも、対応して商品を売るトークを応酬話法といいます。

基本は、この商品を持つことによって、あなたはメリットを享受できる、ということをどんな方向からでも説明できることです。

そしてこの話法をさらに磨き上げ、究極の応酬話法に仕上げ、成り上がっていった人物がいます。

ＡＶ界の帝王と呼ばれた、村西とおるです。

彼は福島県の工業高校を卒業後、池袋の「どん底」という飲み屋で働き、後に百科事典や英会話教材のセールスマンになります。持って生まれた話術が花開き、月に4セット売れれば上出来の世界で、月に40セット売り上げる、という驚異的セールスを達成します。

彼が秀でていたのは、単なるセールストークの応酬話法を、生きていく上での決定的な話法として完成させた点でした。

「だいたいお客が断る理由というのは、たくさんあるようにみえて、実際は5つか6つ、いやもっと絞り込めば3つ程度なんですよ。

ちょっと高い。いまは必要じゃない。興味がない。商品セールスの場合、だいたいこの3つなんです。だったら、この3つに対しての答え方を準備しておけばいい。あとはその応用なんです」

彼は後に、村西とおるというＡＶ監督になるのですが、当初は素人の悲しさゆえ、まったく売れない時期がつづきます。

横浜国立大学生黒木香との共演作「ＳＭぽいの好き」が世間を騒がせ、ＡＶ界の帝王といった異名を持つようになるのですが、村西監督が異彩を放ったのは、新人女優を相次ぎビデオ出演させる口説きのテクニックでした。

他の監督ではなかなか首を縦に振らなかったＯＬや女子大生が、村西監督の面接にかかると、あっけなく出演を承諾してしまう。

いったい彼の口説きとはどんなものだったのでしょうか。

多くのビデオ関係者が悔しがった村西とおるの説得術というのが、彼が完成させた応酬話法だったのです。

前章で述べたように、ＡＶに出ようとする子たちは、ほとんどが親に内緒で出ようとします。彼女たちにとって、最も頭を悩ませる問題が、親に知られる恐れ、いわゆる〝親バレ〟です。

村西監督は、面接のときに応酬話法でどう切り出すのでしょう。

いきなり両親の話を持ってくるのです。

「素晴らしい！　とてもチャーミングな笑顔、そしてそのナイスなバディ。素晴らしいですよ。

こんなファンタスティックなスタイルは、不肖村西とおる、いまだかつて見たことがありません。素晴らしすぎる！　そのバディ、張りそってます、張りそってますよ。う～ん、ナイスですね。でもね、いいですか。あなたのその素晴らしい肉体は、決してあなたが努力して築き上げたものではないんですよ。あなたの素晴らしい肉体は、ご両親からいただいたもの、ご両親があなたを産み育てたからなんです。あなたはまずお父さんお母さんに感謝してください。わかりましたね。あなたの努力はその後なんです。これからなんですね」

　この会話にはすでに応酬話法のすべての要素がふくまれています。

まず、いきなり最大の問題点である親バレについて避けることなく、みずから冒頭に持ってきています。親の問題を避けることなく、あえて話題のテーマに掲げるところに、村西監督流応酬話法の凄みがあります。

　お父さんお母さんの存在によってあなたが生まれた、という事実を確認させることで、女の子が抱いている親バレの恐怖をいきなり払拭《ふっしょく》してしまいます。

村西とおる流応酬話法のポイント

①最大の問題点を後回しにすることなく、冒頭に持っていく。
②問題点を逆にメリットに変えてしまう。

女の子は、自分が何かできる存在だと思っています。

村西監督はそこを見逃しません。自己達成欲求を満たすためには、自分が努力してAVに出演することだ、と思わせてしまう、最後のたたみ込み方は芸術的ですらあります。

③自己の存在を刺激する。

④相手を徹底して賞《ほ》め称える。

⑤ユーモアを忘れない。

後にビートたけしや片岡鶴太郎が「ナイスですね」と真似したように、村西監督得意の進駐軍的英語を多用した賛美のフレーズが、彼女に向けられます。

それまであまり賞められてこなかった彼女たちが、大の大人からこれだけ賛美のシャワーを浴びせられると、お世辞だとわかっていてもうれしいものです。

さらに「張りそってます」という意味不明な言語、「ナイスです」「ファンタスティック」といった気恥ずかしくて使えないような英単語を臆面もなく使うことで、強引に笑いをとっています。

緊張している相手を和ませる最も有効な手段は、言うまでもなく〝笑い〟です。特に若い女の子たちにとって、笑いを運んでくれる男は、つい点数が甘くなります。

さらに村西監督はこうつづけます。

「あなたはラッキーですね。ツイてるんですね。もうすぐはじまる深夜テレビの出演枠がひとり、ちょうど空いてます。いくらすてきな女性でも、出られないようなビッグチャンスにたまたまあなたが出くわしたんです。ツイてます。あなたの幸運を感じ取ってくださいね」

⑥運命的な縁を感じさせる。

女性は運を信じたがる傾向にあります。

自分の力だけでなく、他の力によって自分の運命が導かれていく、という運命的な言葉を吐くことによって、村西監督はシャーマン的な存在感を発揮し、彼女の意志を支配下に置いていくのです。

こうして村西とおるの応酬話法は完成の域に達し、よそでは口説けなかった新人たちが大挙して出演するようになったのでした。

生きていく上で必須となる応酬話法は、村西監督が創造したように、突き詰めて考えれば問題になるのは10や20ではなく、せいぜい3つ程度でしょう。

私たちは、3つに絞ったテーマを考えていればいいのです。

そして、問題点を避けることなく、冒頭に持ってきて、むしろメリットになるように思わせることです。

「私にはその気がない」

と、拒否してくるなら、「その壁を乗り越えれば、違った世界が開けてくるんだ」と、チャレンジすることで新たな可能性が開けることを指し示す。

そして相手の存在を賞賛し、ユーモアを忘れない。

万人に効果的なツキの話を付加する。

すぐにでも使える応酬話法です。

さらに、私たちを悩ませていることでも、絞り込めば3つ程度のものであって、すぐに思いつく人間の普遍的な3つの悩みは、恋愛、カネ、病気、でしょう。ひとつずつ考えて応酬していけば、それほど絶望するものでもありません。逆に言えば、3つくらいの悩みよりも、人間の社会を構成しているものはもっと多いことを考えれば、大半の悩みも小さくなり気も楽になるものです。

応酬話法は相手を説得するだけでなく、〝悩み〟を解決していく話法でもあります。

村西とおるが、50億という膨大な負債を抱えながら、親子3人水入らずで平和に暮らしていけるのも、トラブルが発生しても対処できる応酬話法のたまものでしょう。

ちなみに、彼のひとり息子が受験界の最難関と言われる某私立小学校に合格したのも、親から学んだ応酬話法があったからだと私は思っています。

心を打つ言葉は、何かに打ち込んでいるときに出てくる

「あなたに逢えるようにずっと波動を送っていました」

AV界のカリスマ代々木忠監督と初めて出逢ったとき、代々木監督が握手を求めながらそう私に言ったのでした。

つかみはOKです。

実は、私はAV評論をしていたとき、代々木監督作品を批判していたのです。元気がある黎明期の創作分野というのは、評論も活発なものですが、いまから20年以上前のAV業界も実験的な創作活動で活気づき、評論も血気盛んでした。

ある週刊誌から、代々木忠監督を5ヶ月間取材する機会を打診されたとき、私は受けるかどうか一瞬迷いました。批判していた自分があえて撮影現場に行ってもいいものなのだろうか。

それでも、代々木監督の現場を見られるというのはめったにないチャンスなので、私は迷っ

た末に引き受けることにしたのです。

撮影現場の一部始終を取材してもいい、と許可を与えてくれた代々木監督もふところの深い人物です。

そして初対面の、つかみはOKとなったのです。

代々木監督のように学閥も閨閥《けいばつ》も財力もなしに、はい上がってきた人物は、人の心をつかむ魅力が備わっています。つかみはOK的なもののそのひとつです。そして、一度心を通わせあうと、とことん胸襟を開き、つきあってくれます。

代々木監督がまさにそんな人でした。

1938年、九州小倉で生まれた代々木少年は、3歳で母と死に別れ、親戚中をたらい回しにされながら育ち、腕力で生きていくことを覚えていきます。青年になるとやくざの世界が彼を待っていました。血と硝煙のなかを駆け抜ける代々木青年は、ゴルフバッグにマシンガンを詰め込み、刺客となった過去もありました。

死と常に隣り合わせだった彼は、心の中で叫びます。

人間の幸福とはいったい何なのか。

左小指の欠損を置きみやげに、映画人として再スタートを切ったものの、映像知識がないためにカメラマンからばかにされる日々がつづきます。

俺は撮りたいものを撮るんだ。

カット割りもよく知らなかった代々木監督ですが、自分が真っ先に見たいものを撮る、という姿勢は、後にセミドキュメント方式による独特の代々木ワールドとして花開くのですから、素人パワーは侮るべきではありません。

代々木監督はビデオに残らない撮影前の面接に大半の時間を注ぎます。そこで出演者の女性と徹底して話し合い、彼女がどうして出演するのか、という過程を明白にしていきます。

出演者は、ＯＬであったり人妻であったり、学生であったりします。彼女たちの多くは、性的な面で未熟だったり、貪欲だったり、男性問題で悩みを抱えていたり、幼いころのトラウマに翻弄されていたりします。

撮影当日。

「ザ・面接」シリーズは代々木監督率いるアテナ映像本社の広い事務室でおこなわれます。市原克也を先頭に、数人の男優たちが面接と称して、出演の女たちに挑みかかります。

シナリオ一切なし、そこにあるのは女と男の入り乱れる性欲だけです。男優が欲望を素直に表に出すことに感応して、女たちも直《じき》に本能に目覚めていくケースがよく見受けられます。

カメラをまわす代々木監督は、ファインダー越しに男女に向けて、様々なことを言葉にするのですが、このときの発言録が新鮮で、やけに心を打つのです。撮影が中断して休憩になったり、終了して、ほっとしたときに放たれる代々木監督の言葉も、迷える男女にとって心に染みるものでした。

たとえばこんなふうな言葉です。

半生を呪い、迷い、みずからを傷つける出演者の学生に対して向けた言葉。

「自分が心のなかでつくったものは自分でしか解決できない」

「星は見えているんだけど見ていない。生きていくことは星が見えていることに気づくこと」

「対象を否定的にとらえてしまうと、否定したものにエネルギーを与えて肥大化させてしまう」

「船に乗っていて釣り針に餌をつけようとすると酔ってしまう。揺れに逆らうから酔うんだね。船酔いってすごく苦しい。自分のなかでもうひとりの自分が分離してしまうと船酔い状態になってしまう。自分の欠点を否定したときそれが起きるんだ」

参加した素人男優に向けて。

「彼は常に優等生を演じている。だからメスを刺激しない」

親の過保護に反発してAVに出演しようとした女子大生に向けて。

「〝男は獣〟と子どもに言いつづけると、育った子どもはそんな男としか出会わなくなる。人間は意味づけしたものしか認識できないから」

「人間って無視されることが一番つらい。人間って認められたいんだね。人間ってみんな触られたいんだね。甘えちゃえ、お父さんに甘えられなかったんだろう。おもいっきり甘えちゃえ」

そして、代々木忠の過去を振り返ったとき。

「小さいころから俺は媚びを売ったり冷血だったり嘘を言ったり……いろんな相反する性格を持ってきた。

なんでだろう？

俺っていったい何者なんだろう？

いったいどれが本当の俺なんだろう。

ようやく最近になってわかってきた。

それは自分の遺伝子が絶対的永続性を保つために現れたものなんだって。

生き延びていくために、媚びも売れば冷血だったりもする。

そんな生の本能のためにこれまで生き延びてこれたんだ。

だから生の本能の前にはあらゆる悩みなんて吹き飛んでしまう。

遺伝子の絶対的永続性が俺を活《い》かしてくれたんだ。

小倉港でやくざたちに囲まれて土下座して小便ちびったのも生の本能があったから。

生きてやるんだって。

そう思うと俺ってすげえなって素直に自分に感謝できるんだ」

味わい深い発言ではないですか。

こんな浸透力のある会話の言葉を、ぽつりと漏らすのです。一連の発言を私は撮影現場でずっとノートにメモ書きにし、その結果、『代々木忠の愛の呪文』(飛鳥新社)として一冊の本に仕上がったのでした。

撮影現場に限らず、心を打つ言葉は、何かに打ち込んでいるときに、ぽろっと出てくるものです。特に相手が日頃、仕事をしているときの現場でよく起きるものです。

私はたまたま撮影現場で一連の発言を拾い集めたのですが、現場で言葉を再録したり、事態を見守るときには、ひとつだけ注意しなければならない点があります。それは、自分の存在を消すことです。

対談やインタビュー、交渉時には、自分をある程度主張しなければなりませんが、現場で相手の発言を集めるときは、あまりこちらが目立つと、かえって発言が拾いにくくなってしまうものです。

その人のペースで進行しているうちに、魂を震わす言葉が出てくるのですから、できるだけ邪魔しないで、自分が空気のような存在になるべきです。これは簡単なようでいて意外と難しいものです。ちょっと口をはさみたくなるときがありますが、ここはぐっと抑えて、発言に聞き入るべきです。

私はずいぶん様々な職場で貴重な証言を再録したものです。

仕事をしている相手のそばで、耳を傾けてみるのも、ひとつの発見につながるはずです。

第五章 難攻不落の相手をどう口説くか

女優、真犯人、キャリア官僚、過激派、カリスマ原作者たちの素顔

一番話が聞きづらい職種は俳優

インタビューで最もやりづらい相手、といえばなんといっても俳優でしょう。

本来、俳優というのは自己愛が強くないと、なかなか人前に出て姿をさらして演技などできっこありません。

俳優は自己中心的ですし、どんな役者でも、自分が一番演技力があると信じているものです。自信がなければやっていけない職業の最たるものでしょうし、実際、会ってみると、複雑な反応を示します。だからこそ、会ってみたくなる相手でもあります。

ある女優の自叙伝で、同棲していた男に頬をぶたれたとき、「わたしは女優よ。顔は殴らないで」と叫んだエピソードがありました。私が本人に「本当にコントではなくて、ああいう言葉を女優さんは言うんですね」と言ったところ、「そうよ」と、何をばかなことを聞くの、といったふうにそっぽを向かれたことがあります。

またある女優は、時間の大半を、自分のことを批判したコメンテイターへの罵詈雑言に費やしていました。

気難しいのは男優も同じことです。

青春ドラマの人気男優だったある俳優は、私のインタビューを受けたくなかった、とずっと愚痴をこぼしていました。

ある俳優は、現在の写真を撮らせてもらいたい、と私が言うと、断固として撮らせないで、ついには席をたってしまいました。

俳優というのは自分を中心に地球が回っているのでは、と思わせる場合がしばしばあり、俳優をインタビューする際には、前日から緊張したものです。

ところで、いまでも印象深いインタビューというと、あの女優が思い起こされます。

山咲千里。

慶応義塾女子高等学校在学中、NHK朝の連続テレビ小説「鮎のうた」のヒロインのオーディションに受かり、主演を果たし、90年代に入ると、イメージを払拭して、ボンデージファッションに傾倒し、ファッションと美容に造詣が深く、いい女につきもののスキャンダルもつきまとう女優。

インタビューは、1996年秋、講談社から発行されていた「Views」(現在休刊)誌上でした。

ちょうど山咲千里がエイベックスからミニアルバムを出すときだったので、パブリシティを兼ねて誌面に登場することになったのです。

特撮による写真中心のインタビューになる予定でしたが、このとき、一部夕刊紙、週刊誌で山咲千里にまつわる男性スキャンダルが華々しく報道されたこともあって、編集部では当人によるスキャンダルへのコメントを載せる、というのが至上命題でした。同誌は、長渕剛が「桑田佳祐は許さない」といった衝撃のインタビューを載せて話題になったように、毎号ショッキングなスクープインタビューを売りにしていました。

撮影は渋谷のはずれにある高級住宅街の一軒家で、お昼過ぎに待ち合わせました。

彼女のマネージメントはミニアルバム発売元のエイベックスでしたが、このとき、編集部との打ち合わせでトラブルが発生しました。

いま問題になっているスキャンダルについて質問は一切してはならない、というのがエイベックス側の条件でした。これでは編集部は承諾できるものではありません。

説得がはじまります。

アーティストのイメージを守り通そうとするエイベックス側となんとしてでもスキャンダルへのコメントを求めようとする編集部では、折り合いがつきません。

1時間がたち、2時間がたち、3時間になろうとする。

エイベックス側は、今回は話はなかったということにしましょう、という姿勢です。

編集部はなんとかしてインタビューと撮影を実現させようと、条件をすり合わせ、妥協点を探っていきます。

4時間がたとうとしています。

その間、当の山咲千里はポルシェの中でずっと待機しています。

役者は待つのが仕事のうち、といいますが、4時間もじっと車の中で待ちつづける精神力は、さすがに女優魂だなと私は思ったものです。

かくいう私は、どんな精神状態だったかというと、それほど困惑してはいませんでした。

インタビュー現場ですんなりと話が弾んだときというのは、原稿にすると意外とのっぺりしていて面白みがないものです。逆に、インタビュー現場でトラブった場合、そのときは大変ですが、原稿にすると波乱に富んだ面白いものになる場合が多いものです。

これはインタビュー記事だけではなく、小説でもエッセイでもノンフィクションでも、現場でトラブルが生じた場合、作品にするときはかえって面白くなるものです。ですから、書き手にとって、不幸の種はむしろ願ってもないチャンスでもあります。

山咲千里の場合も、これだけもめるのだから、少なくとも記事のスパイスにはなるだろう、と思ったものでした。

それに、私はスキャンダルが直接聞けなくても、相手の半生を聞ければ読み応えのある原稿が書けるという、妙に自信めいたものがありました。

5時間が過ぎようとしています。

すでに陽が落ち、中秋の住宅地はすっかり暗くなってしまいました。

やっと、妥協点が見出せたので、ようやくインタビューを開始します。

ところが、この後すでにタイムリミットが迫り、インタビューの時間はとれず、写真撮影時間だけしか残されていません。

メイクしている合間、私が山咲千里の隣に座って、話を聞くというインタビューとしては最悪の設定になりました。

このとき山咲千里34歳。

細い躰《からだ》で、透き通るような肌、意志の強そうな顔立ち。

鏡に向かい受け答えする彼女は、エビアンのボトルにストローを差し込み、時折、口に含みます。いい女というのは、しゃれた飲み方をするんだなと、感心したものです。

「結婚……ほんとは結婚しようという場面になったら、しおらしく下を向いて、〝はい〟って言うべきなんでしょうけど、わたしはそこから〝朝まで討論会〟になっちゃう（笑）。〝では結婚について、意見を述べていただきたいと思います〟とか言ったら、〝おまえ、そういう理窟じゃなくて、しちゃえばいいんだよ、けじめだろう〟って」

頭がいい女性だから、こちらの質問には的確に答えてくれます。

そのうちに、一番肝心のスキャンダルについて間接的な表現ながらも、本人の口からコメントをとることができました。

「わたしは意外に愛情深いから、人にかわいがられて、もてるほうだと思います。ただ、そんなことは、なんの自慢にもならないと思う。たとえ100人から腕を差し伸べられたとしても、そこから手をつなぐ相手はひとりだから、そのとき、手をつなげなかった男性たちが、せつないままで心にしまっておいてくれるか、相手にしなかったことについて罵倒しているのか、わたしにはわからないし、責任が持てないという恐ろしさを知っています」

これがぎりぎりの着地点でした。

どんな人間でも真摯になって考える質問がある

さらにある質問をしました。

いままでのらりくらりとして乗り気でなかった人間でも、この質問をすると、必ず真摯《しんし》な態度で答えてくれる、とても重要な内容です。

「あなたにとって一番古い記憶は何ですか?」

この質問をすると、皆、過去の記憶を呼び戻そうと真剣な面持ちで思い出してくれるのです。そして一番古い記憶を思い出してくれたとき、人間は真摯な態度になり、それ以降の話もスムーズに聞けるようになります。

男でも女でも、一番古い記憶というのは、どこか似ているものです。

たとえばこんな記憶です。

乳母車にひとり乗せられて、畑で母親が野良仕事から帰ってくるのを待つ間、乳母車についている輪っかをひとつずつ、かしゃーんかしゃーんと横滑りさせていた記憶。

両親のいる部屋の隣で寝ていたが、起きてしまって、ずっと両親が気づいてくれるまで泣かずに待っていた記憶。

保育園で母親が迎えに来るのを待っていたら、雷鳴が鳴り響き、やっと姿を見せたときの記憶。

人間にとって一番古い記憶というのは、ほとんどが両親との関係になっています。幼い子どもゆえに、親から離れてしまう恐れと、一緒にいる安心感がミックスした幻想的な光景になっていたりします。

山咲千里の場合。

映画監督の父が、警視庁のドキュメンタリーを撮るために、刑事から防犯の心得を聞くシーンを自宅でロケした。2歳の千里は、誕生日でもないのに、なんでこんなに朝からたくさん人がいるんだろうと、不思議に思った。仕事で張りつめている父。甲斐甲斐しくスタッフにお茶を出す元女優の母。居場所のない千里に、ひとりのスタッフが「何歳?」と声をかけてくれた。

Vサインをつくって自分の年齢を示したつもりが、緊張していたので、手の甲を相手に向けてVサインをしてしまった。だから千里の一番古い記憶は「恥ずかしさ」として残っている。

回想を聞いた私は、彼女の恥ずかしさがなんとなくわかる気がしました。

他人から見たらなんでもないことでも、当人にしてみたら顔から火が出そうなくらい恥ずかしいものです。いい女がちょっと身近に感じられてきました。

話の流れで、両親について語りだしたときです。ちょっとしたハプニングが起きました。

「わたしが20歳になったとき、うちの両親は離婚したんです。わたしが20歳になるまで離婚できなかったって言われて……。いまでも悪かったなと思って……生まれてきたのが」

話の途中で、嗚咽《おえつ》を堪《こら》える山咲千里。

「わたしが切り出したんです。両親に、〝もう成人したから、お父さんとお母さんは自分で決めてください。わたしは自分で仕事をしてるから自分のことはできるし〟って言いました。夫婦は他人だから肉親のために個人が犠牲になるというのは、すごくよくないと思ったんです。わたしが結婚しないというのは、そういうものもあると思います。その後のわたしは、すごく他人に優しくなれたと思うし、愛について非常に細かく種類分けができるようになったと思います。いろんな愛がありますよね。人間だけじゃなくて、物に対してだってあるし」

ここにも両親の離婚がありました。

いつでも泣けるのが女優だ、と言われますが、ＡＶ女優から離婚話をたくさん聞かされてきた私は、山咲千里が嗚咽した気持ちがいくらかでもわかる気がしました。私が同じ立場ならやはり言葉が出てこなくなったでしょう。

インタビューはメイクの最中におこなわれ、途中、アイ・メイクのときは微妙な揺れがあってはいけないので、質問は中断しました。

インタビューの条件としては、決して恵まれてはいませんでしたが、内容的には手ごたえを感じたものです。

撮影が終了し、原稿を書き上げ、このときのインタビューはすでに過去のものとして忘れかけていたある夜。

ファックスがカタカタと鳴りだして、長い紙片が出てきました。

差出人は山咲千里でした。

「夜分に失礼致します。

取材日はなかなか言葉が出てこない私でしたが、記事のなかにあった両親への想いは、実は初めての告白でした。

自分のことを話すのはとても苦手ですが……。

なぜなら、それはすごく相手に押しつけがましい感じがするからです。

人にわからせようとインタビューでアピールするのは、アーティストとして本来の仕事が十分でない人がする行為だと思っていました。

でも、それは少しちがうよと教えられた今回でした。

この記事を読者が目にしてインタビュアーとアクトレスのそんな戦いを、心優しく理解してくれると思います。そして世の中で人の役に立つということは、自分を安売りするのではなく、他者との関係を築き上げていくことだと思います。

原点にたちもどって、少し私にも未来が見えてきそうです。

これからの私をどうか見ていてください。」

もしもこのファックスが、私が原稿を書こうとしている最中だとしたら、よく書いてもらおうという下心を感じたかもしれません。

しかし、このときはすでに雑誌が出回っているころで、私にファックスを送ったところで、山咲千里にはなんの影響も及ぼさないのですから、文面を素直に受けとめました。

もっともひとつだけ、同意できない点もありました。

〈インタビュアーとアクトレスのそんな戦いを、心優しく理解してくれると思います。〉と山咲千里は綴っていましたが、私は「戦い」だとは思っていません。「戦い」をやりつづけていたら私は疲れてしまう。

はなから戦いなど私は挑んでいません。相手の半生を知りたい、ただそれだけのことです。インタビューをした相手から礼状や電話をもらったりすることは、30人中ひとりいるかいないかです。だからよけい、深夜にファックスをくれた女優にかっこよさを感じたものです。

行きずりのインタビュアーに礼状をくれる女優。いまならメールでしょうが、いまから10年前はまだファックスが主流でした。そのおかげで私は山咲千里の手書きをもらえたのです。文字は、いまふうの女の子が書く書体で、それがまた味わいがありました。

いい女とは、山咲千里のような女性を指して言うのでしょう。

名刑事八兵衛の落としのテクニック

難攻不落の相手を口説く、という行為に最も真正面から取り組んでいるのは、他でもない刑事たちでしょう。

被疑者から秘密の暴露を得るために、なんとしてでも自供させる。そのために腕利きの刑事はあらゆるアプローチで自白に持ち込もうとします。

自白は物証第一主義になった現在の刑事訴訟法のもとにあっても重要な証拠になりますが、自白で思い起こすのは、警視庁はじまって以来の名刑事とうたわれた平塚八兵衛刑事です。「落としの八兵衛」「ケンカ八兵衛」「鬼の八兵衛」といった異名をもつ刑事ですが、彼の名声を決定的にしたのは、吉展《よしのぶ》ちゃん誘拐事件でした。

誘拐事件の原点ともいえるこの大事件は、1963年3月31日、東京都台東区入谷の公園で発生しました。友だちと水鉄砲ごっこをしていた村越吉展ちゃん（4歳）が行方不明になり、自宅に中年男の声で、9回にわたり誘拐したことを告げる電話が入り、身柄と引き替えに50万円を要求、警察は犯人の声の録音に成功し、引き渡し場所に指定された近所の自動車工場に張り込んだものの、あえなく犯人に現金を奪われ、吉展ちゃんも発見できずに終わってしまいました。

私はこの当時、小学1年生にあがったばかりで、日本中が大騒動になり「吉展ちゃんを捜そう」という運動になり、愛読していた「少年サンデー」にまで特集記事が載ったことを記憶しています。

この事件は当初から、真犯人の時計修理工・小原保が重要参考人のひとりとしてブラックリストに挙がっていました。

情報を広く集めようと、犯人からの身代金要求の声を録音していたのを事件後、ラジオ局が流したりしたように、現在のテレビ公開捜査のはしりとなりました。

偶然、小原保の実弟が聞き、警視庁に届け出ましたが、数多く集まった声のなかからひとつだけに絞り込むことは難しく、しかも小原には実家福島県に一時帰郷していたアリバイまであったのです。

軽犯罪で何度も捕まっていた小原は捜査の裏をかくことにたけ、別件逮捕されてものらりくらりとかわし、釈放されてしまいます。

両親や人々の願いもむなしく、月日は流れ、1965年夏、捜査はFBI方式というアメリカの手法を参考にした、とされるが実質は捜査陣縮小の言い換えでもある地味な体制で継続されます。

事件は迷宮入りの道をたどるかにみえました。

平塚八兵衛は小原のアリバイをもう一度洗い直すことにしました。福島県の現地で調べ直すと、アリバイ捜査がずさんだったことがわかります。八兵衛は、微罪で逮捕されていた小原を再度、取り調べることになります。だが、アリバイはなかなか崩せない。ついに勾留期限が切れる最終日を迎えます。

八兵衛との雑談から小原は何気ないことを口にします。

「刑事さん。俺だってこれでもいいことしてるんだよ」

小原はぼやを消し止めた善行を語ります。

「いつだったか、俺が電車の中から見た日暮里の大火事みたいになったらたいへんだったろうなあ」

日暮里の大火事の日、1963年4月2日は、小原は実家、福島にいたはずでした。後に、何度もこのシーンが再現されるほど劇的な、「日暮里の大火事」八兵衛落としの伝説の名シーンです。

「さっき、おまえは日暮里の火事を見たと言ったが、あれは4月2日のことじゃねえか。福島にいたおまえがどうして電車の中から大火事を見られるんだっ！」

とどめを刺すかのように、故郷にもどって野宿したという偽のアリバイも突きつけます。

小刻みに震える元時計職人。

「おい、小原、黙って聞いていりゃあ、いつまで嘘を言い通すつもりだ。いいか、よく聞けよ。俺が、お前のお婆さんや、血を分けた兄弟から聞いてきた話を全部しゃべってやる。お前の言うことが本当か、肉親の言うことが本当か、性根をすえて返事しろっ！」

さらに八兵衛は小原の母がしたように土下座して、叫んだ。

「早く真人間になって本当のことを言え！」

長い長い沈黙……。

「あのお金は……吉展ちゃんの……お母さんから……とったものです……」

自供にもとづき、現場近くの寺の墓から吉展ちゃんの変わりはてた遺体が発見され、迷宮入り寸前の大事件は一気に解決に向かいます。テレビは放送を中断し、臨時ニュースで報道しました。このとき、小学3年生だった私はいまだにこの日の報道の盛り上がりを憶えています。

後に八兵衛は落としの技法を語っています。

〈〝落としの秘訣〟？　小原のときもそうだが、相手にいいたいことを全部しゃべらせ、そのうえで、アシで調べたネタを一気にぶつけるんだよ。若い刑事にもよくいうんだ。「落とすネタは薄くても、豊富に持ちな。そしてその材料を完全に消化しろ」ってね。ホシはゲロ（自供）ったら死刑ってこと知っているんだ。つまり、ヤツらは本当に命を賭けているんだ。そのウソをつき崩すには、ネタしかない。それから、そう、気迫だね。ホシとデカの命がけのぶつかり合いなんだよ、なあ。〉（『刑事一代』佐々木嘉信著、産経新聞社編、新潮文庫）

生前の八兵衛から長時間聞き書きをした佐々木嘉信記者から、名刑事の落としの舞台裏を聞きました。

「八兵衛さんは自分で全部捜査をやり直しましたから。アリバイから何から、自分が納得するまで、全部やり直すから。事件を克明に巻物で時系列に書いてある。分単位で書いてある。10メートルの巻物ですよ。警察大学に寄贈すれば、資料として宝になるはずです。捜査の緻密性もすごかった。手帳の裏に参考人、証人、すべて住所氏名書いてある。こっちが質問するでしょう。即座に答えてくれるんです。メモがあるからすぐにわかる。几帳面です。酒は一滴も飲まない。帰ってきてからちゃんと清書するんですね」

〝落としの八兵衛〟と言われるのは、準備段階の入念な下調べがあってこそだったのです。

これは、インタビューや交渉ごとでも、同じことが言えます。

相手の情報を得た上で話をすると、さらに深い内容まで踏み込めるものです。もっとも事前に得た情報はあくまでも情報であって、それが正しいのかどうかは話のテーマとして本人にひとつずつ当たっていくべきものです。

八兵衛刑事の取り調べテープを聴いたことがありますが、全体的に説得調で、変化球を使わず、直球勝負のような、相手にそのものずばりを聞こうとする話し方です。私には八兵衛の落としの秘訣は、入念な下調べの他にもうひとつあると思います。

それは、八兵衛ほど被疑者の話をよく聞いた刑事はいないのではないか、ということです。

人は無視されることが一番つらいものです。

真剣に相手の話を聞く八兵衛に、被疑者はいつしかこの男にはすべてを話そう、と心を開くのではないでしょうか。

キャリア官僚のウイークポイント

政治家と官僚。

似ていて非なるものです。

政治家は選挙民からの投票で選ばれるので、どうしても人気投票的な戦いを避けられず、メディアに登場するのも得票率をアップさせるためと思って、割とすんなりとインタビューに応じてくれるものです。

もっとも本音はなかなか吐き出さない。

それに、病的なまでに自信家です。

小学校のころから、自分こそクラスの代表にふさわしい、とみずから学級委員や生徒会長に立候補してきた人々ですから、うぬぼれと自信が背中合わせです。

話の最中に「そうでしょ」と相手に同意を求めてくるのは、彼らの特徴のひとつです。

それに、相手の話を聞かない、ほとんど自分の話で会話を終了する、というのも彼らの特徴です。

田中角栄元総理大臣が「わかったわかった」とすぐに返事をしてしまうと言われましたが、角さんだけでなく政治家なら、相手の話を聞くよりもまず自分の話を聞け、という習性があります。

それに比べると、官僚、なかでもキャリア官僚は、なかなかインタビューに登場してくれません。

彼らキャリア官僚は、東大法学部を卒業し、司法試験と並び最難関と言われる国家公務員試験I種に受かり、財務省、国交省、総務省といった官庁に20名前後採用され、入省すると、他の官僚が自転車の速度だとしたら、新幹線級の速度で出世し、最終的には事務次官の椅子を争うエリートたちです。

なかでも、財務省に入ってくる学生たちは試験上位合格者ぞろいです。

時々、東大法学部首席卒業、国家公務員試験I種トップ、司法試験トップ、という3冠王を達成する学生がいて、この偉業を〝トリプル〟とも言います。

財務省には20名ほどのエリートが入省し、なかにはトリプルあるいは準トリプルの学生が混じっています。

彼らはめったに取材を受け付けません。

それでも、取材ということを抜きにして話を聞くくらいは可能です。それに、優秀な人間たちですから、自分の考えやプランを人に話したい気持ちは人一倍持っています。

実際に彼らに会ってみると、エリート臭が鼻につく一方で、バランス感覚の良さに気づかされます。

分厚い資料でも、速読術でもマスターしているのかと思うほど、猛烈な速度、1ページ5秒程度で読破していきます。しかも読み終わって完璧に内容を把握しているのだから、彼らが小学生時代からペーパー試験で成績トップに立ちつづけているのが実感としてわかります。

ある問題を与えられてからの処理能力が抜群に優れているのです。

そういったエリートを相手に話を聞くのだから、疲れもしますが、中身の濃い話になります。

ただし、あくまでも官僚的答弁だから、彼らの人間性を掘り下げるまでには至りません。

では、彼らの素顔はわからないままなのか、というとこれが聞きようによるわけです。

ひとつのテーマを与えられてすぐに回答を導き出す彼らでも、あるテーマを与えるとたんに人間くささを表すものです。彼らは、幼いころから勉強が優秀なのは当然ですから、それ以外に認められたいという欲求が強い。クラシックの素養があるとか、ロシア文学を読み込んでいるとか、長距離走が得意だとか、勉学以外に秀でたものがあることにこだわりを持っています。

「もしもキャリア官僚にならなかったら」という問いかけに、彼らはたいてい「小説家」や「映画監督」「指揮者」という職業を口にします。

官僚が血の通わないロボットのようなイメージを持っているせいか、芸術的な素養があることを強調したがります。ですから、彼らには畑違いの話を向けると、とたんに人間くささをさらけ出すものです。

専門分野以外のテーマを振ると、人間らしさが表れる

塩見孝也という人物がいます。

彼は京大時代から学生運動に参加して、共産主義者同盟（ブント）に参加し、70年安保闘争を目前にしたとき、圧倒的な機動隊の壁に負けつづける新左翼運動を総括し、軍隊組織を作り上げます。それが赤軍派です。

日本初の最も過激な反体制武装組織の最高指導者として活動しますが、後によど号ハイジャック事件の責任者として逮捕され、20年という長期にわたる投獄を余儀なくされます。

私が高校、大学生のころ、塩見議長が書いた獄中論文は、壮大なスケールと存在感を発揮したものです。

その本人はバブル経済華やかなりし1989年に満期出所となります。本来なら〝日本のレーニン〟として盛大な出迎えを受けるのでしょうが、時は社会主義国が崩壊し、左翼が衰退していくときだったこともあって、本人いわく〝人間シーラカンス〟という扱いで、寂しいものでした。

たまたま私の仕事場と塩見元議長の事務所が道をはさんだ近距離だったこともあって、交流がはじまりました。

「前段階武装蜂起！　世界革命戦争貫徹！」という勇ましいかけ声で、武装闘争をおこない、その末裔が連合赤軍となり、あさま山荘事件を引き起こす。左翼の衰退を招いた責任者のひとり、として塩見元議長の評価は左翼陣営で評価がまっぷたつに分かれていました。

私はしばしば論争をしてきたのですが、塩見元議長は延々3時間、平気でしゃべります。いつでも自分のアジ演説を聴いてくれる同志たちが周りにいたからでしょう。これは新左翼指導者の特徴です。

延々としゃべる相手には、こっちから遠慮しないで論争を吹きかけるのも手です。そうでもしないと、いつまでもしゃべっているのですから。

ところが話が大衆文化、あるいは風俗やAVにテーマが及ぶと、とたんに思考停止というか、論外といった話しぶりになります。風俗やAVに対して、偏見を持っているのは意外に進歩派と目される人々に圧倒的に多いようです。

「風俗嬢は資本主義における性奴隷だ」

と、時代錯誤な発言までします。

私は机上の空論が左翼をダメにした一因だと思っているので、塩見元議長にAV鑑賞を勧めました。バクシーシ山下監督作品「ボディコン労働者階級」です。

ひとりのAV女優が山谷を訪れ、日雇い労務者たちとからみを体験します。劣悪な環境に置かれた男たちと山谷をよく知らないAV女優とのちぐはぐな交流。

塩見元議長は意外な感想を漏らしました。

「それにしても彼女はやさしい子だなあ。なまなかな意識ではあれほど積極的にがんばれない。思いやりがあってこそ彼女にしてもふっきれたのだろうな」

「女性は市民革命のなかでも取り残されていたが、ここでは家父長的性抑圧体制打倒の新たな知恵が見られる」（拙書『にくいあんちくしょう』ちくま文庫）

監督への賞賛や社会体制批判よりも先に、まず山谷の日雇い労務者たちとからむAV女優の偏見を持たぬ優しさに、元議長は感嘆したのでした。

強面の元闘士が、女性を評価するという展開に、私は思い描いていたほどシーラカンスではない、と思い直しました。

そして、塩見元議長が性奴隷のように見ていた風俗産業をまずはその目で見たらどうか、と勧めたところ、渋っていましたが最終的に承諾したのでした。

新宿で営業している、いわゆる〝抱きキャバ〟の店に潜入しました。普段はキャバクラと同じく、客と女の子がグラスをかたむけるのですが、突然店内が暗くなって5分間のラブラブタイムが発生し、この間女の子が客の膝《ひざ》に乗っかり、熱い抱擁があります。

私たちが「議長」と呼んでいたため、女の子たちは塩見元議長を都議会の議長と勘違いし、緊張しながらサービスしたものです。

暗がりで塩見元議長が女の子を膝の上に乗せたとき、私はこの男は信じられる、と確信しました。

こういった店で、最悪なのは、女の子からのサービスを拒否することです。断られた女の子の居場所のなさ、といったらありません。

元議長は敢然と受けとめていました。

この顚末《てんまつ》は誌上に公開されることになっていたのですが、あえてすべてをさらけ出した塩見元議長の姿には頭が下がりました。

陰でこっそり行こうと思わず、堂々と風俗店潜入を記事にさせる、という気構えは立派でした。

さらに、歌舞伎町のテレクラ探訪もおこないました。塩見元議長が受付を通るとき、店長が「あっ、塩見さん！」と驚愕《きょうがく》しました。

「府中刑務所で一緒になった時期があるんです」

元赤軍派議長は刑務所内でも有名だったらしく、店長は伝説の人物がふらりと店内に入ってきたことに感動した様子でした。店長の緊張ぶりに触発されたのか、店員たちが全員そろって頭を下げます。元議長をどこかの組長と勘違いしたようです。

元議長が常に語る、「人民奉仕無償」というのは、そもそもこういう働く現場から派生するものです。ところが、こうした現場の人々は保守派にシンパシーを感じるもので、元議長のような派には共感を抱かないものですが、この夜は、元議長が現場の人民と一体になった日でもありました。

専門分野以外のテーマを振ると、人間らしさが表れるものです。

噛み合わない論争だから面白い

この記事が出ると波紋が広がりました。

一番批判したのが、戦旗・共産同（現・ブント）でした。

皇居・アメリカ大使館迫撃弾攻撃といった過激さにおいてはどこにも負けないセクトで、その荒岱介《あらたいすけ》議長は早稲田の学生時代に塩見元議長からオルグされて活動家になった経緯があります。

荒岱介が言うには、連合赤軍の兵士たちをはじめ、塩見元議長のもとで闘った多くの同志たちのことを想えば、風俗で遊ぶのは大問題だと言うのです。

荒岱介議長と私の対談はロングインタビュー集『悪人志願』で、実現しました。

ふたりのやりとりは、どこまでも平行線ですが、そのずれ方がまた面白い。

——塩見さんが風俗に行ったことを喜ばないっていうことは、風俗イコール悪という認識なんですか。

「じゃあ、あんたが子どもが生まれたら、風俗で働いてうれしいか？　まともに考えてみなさいよ」

――9時から5時まで丸の内で働いているOLのほうが風俗の子たちより偉いんですか？

「偉いとか偉くないいじゃなくて」

――荒さんたちは、風俗イコール賤業みたいな思いこみがあるんじゃないですか。

「卑しいんじゃなくてね。職業に貴賤はないってのはそのとおりだと思うんだよ」

――卑しい職業の世界で塩見さんが遊んじゃったから、まずいんですか。

「ちがうちがう。でもね、たとえば、ソープ嬢になりたくて学校に入ったのかって考えてごらんよ。小学生のとき〝私は将来、風俗で働きます〟って女の子、思ったかって。思ってないと思うよ」

――いや。中学のころにはすでに将来はAVに出てみたいとか風俗やってみたいって子、いるんですよ。

「うーん」

――OLをやってきたけど、課長からセクハラ受けたり、先輩からいじめを受けて人間らしい仕事ができなかったけど、池袋の性感ヘルスで働きだして裸で客と接して、初めて自分が求められるといった満足感が得られたって子がたくさんいますよ。人間は、自己存在の肯定欲求ってあるじゃないですか。

「それはだれしも人間は自分の物語を生きるからね。世の中にはそういうものもあるじゃないかってったら、それはあると思うんだよ。資本主義社会では、女は自分の性を金で売るってことが問題なわけだよ。金銭的理由から自分の性を売るっていうことは、いちばんいけないことなんだってことがマルクス主義のいちばんオーソドキシーにある。資本主義ではそれがまかり通ってる。変じゃないかって。性愛っていうのは自由意思に基づくものなんだ。愛に基づく、自由意思に基づく、金銭を媒介にしない、性愛だったらいいことなんだよ。だから、ソープというのは、好きでもなければ嫌いでもないやつに、金でもって自分の性を売るわけじゃない。そこにあるものは、男女の自然的営みではない。人為的な、金銭的営みでしょ」

――そういう職業のほうがいいっていう子もいるんですよ。いまはみずからの意志で飛び込んでいきますよ。左翼っていうのはけっこう保守主義なんですね。ピューリタン主義っていうか。

「保守でもピューリタンでもないよ」

（中略）

「要するに、実際陰でそういうことする人間って、まっとうか？　まっとうじゃねえだろう。そういうふうに生きたいかって、生きたかないだろ。だからそれは、価値の問題だろ？

だから、あんたが風俗に行くことを価値とするようにね。それは、何を価値とし、生きるのかって問題だろ」

――風俗で働いている人間が偉いとはぜんぜん思ってない。

「そうそう、そうでしょ。だから俺は、たとえば、自分にとって、どっちが俺にとって、感動するのかという問題になるじゃない。俺は仮に風俗に行って、女を買っても別にうれしくないもんな。そんなことしても」

――性的に疎外されてる民衆ってけっこう多いんですよ。

「そうかもしれないけど、俺は普通のコミュニケーションを人ととりたいと思ってるわけよ。だから離婚もしたよ。別にそんな清廉潔白じゃないよ。そういう点で言えばね。奥さん21歳も年下なんだからね。だけど……」

――環境問題もそうだけど、あんまりクリーンな道徳観求めちゃうと危険ですよ。

「それはちがうよ」

――そっちのダーティーな部分も人間にはあるってことを認めないと。

「じゃあ、あんたにとって何が正義なんだって聞きたいよ」

――正義感というものはうさん臭いから。

「川越高校から早稲田大学に入ったときに、大志があっただろ。もっと、何かちがうこと考えただろ。いま、そういう、変な風俗のこと語っているけど、もともとはもっと」

――そこが、差別的な発想じゃないですか。風俗は賤業だと固定観念があるんですよ。「差別じゃなくてだよ。賤業じゃないんだって。賤業って言ってんじゃなくて。風俗に価値を置くなっていうんだ」

――いや。価値を置いてないですよ、ぜんぜん。

「置いてるじゃないか」

――置いてないですよ。風俗にはどうしようもない人間もいるし。それは丸の内のOLにもどうしようもない子がいるのと同じことですが。

「俺は別に蔑《さげす》んでるんじゃないんだ。いろんな職業もっとあるだろ。風俗じゃなくたって。いくらでも世の中に職業あるだろう。なんであえて、風俗風俗って言わなきゃなんないの？」

――風俗を持ち出すと思考停止になっちゃうのが、左翼の限界なんですよ。

「奥さんが泣くぞ」

左翼と右翼を論破するキイワード

荒岱介は、東大名誉教授で戦後哲学界に偉大な足跡を残した廣松渉の研究家でもあります。廣松渉は物理学出身でもあるため、思想は極めて論理的であり、理詰めであります。

その哲学を引き継ぐ荒岱介が、最後に私を論破しようというとき「奥さんが泣くぞ」という、極めて俗っぽい言葉を投げかけた、というのも、ちぐはぐな論争から飛び出した着目すべき発言でしょう。

さらに、論争がヒートアップしていくと、常に冷静な分析をおこなうはずの荒岱介が、自分の再婚相手の歳が21歳も若い、という私生活上のことまで漏らしてしまう。まさに嚙み合わない論争によるヒットでしょう。青年ヘーゲル派や物象化論といったテーマで論争したら、再婚話や21歳年下妻の話題は絶対に出てきません。

対談相手と意気投合した場合、いざ原稿にしてみると、思ったほど面白くないものです。現場での論争は、後々、味わい深いものになります。

会話が嚙み合わないこともまた、コミュニケーションのひとつです。

互いの価値観が相違しているために、堂々巡りです。

その途中で、お互いに普段は出さない素顔や意外な論理展開が表に出てくるので、決して無駄な話し合いにはなりません。

荒岱介は新左翼の有力な一派の指導者ですから、とりわけ、差別に敏感です。私はあえて、職業差別という突っ込みを入れて対峙したわけです。

左翼が神経質になるのは「差別」と言われることです。

対して右翼はどんな言葉に神経質になるかというと、最近の風潮では「親米」でしょう。

荒岱介率いるブントは、マルクス主義を捨て、あらたに「公正と正義にみちた社会の実現」をテーマに、環境問題や食料問題、生活一般に関する問題といった市民運動型のセクトに変身して、退潮気味の左翼内にあって構成員を増やす勝ち組になっています。

私はブントの本部で荒岱介と論争した後、写真を撮らせてもらおうと、荒岱介所有のポルシェの前で撮影をお願いしました。おそらく断られるだろうと思いながら、依頼したのですが、意外にも荒岱介はなんのためらいもなく、光り輝く銀色のポルシェの前に立ってくれました。

そしてこの写真が後々にまた大問題に発展するのです。

左翼とポルシェ。

本来貧しいながらも清いはずの左翼が、あろうことか1千万円以上するドイツ製の高級外車の所有者になって乗り回している、という、左翼のタブーがこの写真一枚で表出してしまったのです。

塩見孝也は風俗に行ってけしからん。

そう言った当人が、今度は、荒岱介はけしからん、という批判にさらされたのです。

写真を掲載するとき、これは厄介なことになるかもしれない、と私は思いました。

それは荒岱介本人も感じたことでしょう。

それでも、当人は平気でカメラの前に立ってくれたのです。

この男は信じられる。

私がそう思った瞬間でした。

世渡りがうまい人間なら、隠れて風俗に通うでしょう。それを塩見孝也は拒否し、隠し立てしようとしなかった。

荒岱介も、本来なら隠れてポルシェに乗っていればいいものを、誌面に登場してポルシェを公開まででした。

左翼は清貧をモットーとするような固定観念がありますが、それを破壊したのがこのふたりでした。

塩見孝也と荒岱介。

このふたりがいるかぎり、まだまだ反体制陣営も捨てたもんじゃないなと私は思っています。

超大物だってすんなり会えるときがある

駆け出し記者のころ、劇画原作者梶原一騎に会ったことがあります。

それまで著名人と会ったこともなかった私ですから、とても印象に残ったひとときでした。

そのころ、梶原一騎は「空手バカ一代」で描いた義兄弟の極真空手創設者大山倍達《ますたつ》と大喧嘩を起こし、出版界でも編集者を呼び出して恫喝したり、自著の映画化で起用した女優と親密な交際をしているような、あまりいい噂話を聞かない時代でした。

極真スキャンダルを「噂の眞相」誌上に書いた池田草兵という人物と知り合い、梶原一騎から話を聞けると誘われて私もついていくことになりました。

まさか劇画界の首領と会えるとは思っていません。半信半疑のまま、赤坂の高級マンションについていきました。

音のしない豪華なマンションです。

分厚いドアを開き、薄暗い室内に入っていくと、目の前にいつか見た人物が座っているじゃありませんか。

本物でした。

坊主頭、サングラス、海坊主のような体型。

まちがいなく梶原一騎その人です。

まさか24歳の駆け出し記者がいきなり会えるとは思ってもみなかった。

梶原一騎は、いきなり特殊警棒のような金属製の物体を手にして、シャキン！　と引き伸ばし、振りまわしだしたのです。

「これは警視庁のＳＰが持っている警棒だ。硬いぜ。これがあれば、いくら極真の若いやつらが襲ってきても、ど頭かち割ってやるっ！」

特殊警棒を振りまわしながらさらに恐怖発言を繰り出します。

「俺が一声かければ、○○会の若い衆、100人くらいはすぐ集まるっ！」

こっちは、星一徹のような人物を想像していたのに、目の前の男はまさに「愛と誠」の悪の花園実業の不良です。

やっと怒りの矛先がおさまったのか、ふと、私の存在を気にし出しました。

「うん？　きみはどこの記者だ？」

かしこまっていた私は自己紹介しました。

極真スキャンダルの件について取材している最中です、と告げると、劇画界の首領は「そうか」と、寛大な言葉をかけてくれたのです。

下っ端の人間というのは、自分がその人からどれだけ存在を認めてもらっているのか、非常に敏感になります。少なくとも劇画界の首領は、新米記者の私をまったく無視することなく、ひとりの人間として少しは気に掛けてくれたようでした。

新米記者時代には、目の前にいるのにまったく無視するような人間がいたので、このときの梶原一騎の気配りぶりは新鮮でした。

そしてこんなことを言ったのが印象的でした。

「ミミズを大蛇みてえに書いちまったのが間違いだったのかもなあ」

梶原一騎と大山倍達。義兄弟と言われたふたりの仲がもろくも崩れ去った事実を本人が口にしました。

せっかくのチャンスだったのに、私は劇画界の首領から創作の裏話を聞くことを忘れていました。矢吹ジョー、星飛雄馬にモデルはいたのか、あるいは一部だけモデルがいたのか、当事者の口から聞かせてもらえる絶好のチャンスを逃してしまったのです。

これに限らず、時々ですが、願ってもない大物と話ができるチャンスが突然降ってくるときがあります。これをたとえて言うなら、バッキンガム宮殿にたまたま入り込むことができた青年が、エリザベス女王とばったり出くわしてしまったようなサプライズでしょう。

本当にたまたまですが、するすると壁をすり抜けて超大物に出逢えるときがあるのです。こういうときは、願ってもないチャンスだから、思い切って話を聞くべきでしょう。

出逢いというのも、運です。

人脈はそこから広がり、後々にまでプラスになるものです。

注意しなければならない点もあります。

直接、組織のトップと直に話が通じ、会えることになった。超大物と秘書を通さず会えることになった。

当人と直接コンタクトがとれて話ができるようになると、ビッグチャンスに酔いしれてしまうものです。

このとき、トップの下にいるナンバー2の人間は、蚊帳《かや》の外に置かれたことに、面白く思わない場合があります。すると、次からトップとコンタクトをとるとき、暗に妨害されたりするケースが出てきます。

こんなことにならないためには、直接トップと話ができた後、きっちりとフォローしておくことも必要です。

「やっぱり〇〇さん（トップの名）をよく知っているのは※※さん（ナンバー2の名）ですね」

くらいのおべんちゃらは言っておくべきでしょう。

〝筋を通す〟

という大人の世界でよく耳にする慣用語があります。

どんなにものわかりがいいように見える御仁でも、自分が無視されると、とたんに口やかましくなるものです。

コミュニケーションを円滑に図るには、筋を通すことも忘れてはならないポイントです。

第六章　逆境のときほど、心を開きやすくなる

論争しあうことから真実が浮かんでくる

インタビューは、いつも座り心地のいい椅子とテーブルがあって、テープレコーダーが軽やかに回転しているときばかりではありません。

立ち話のときもあれば、電話のときもあるし、別れ際になんとかコメントをとろうというときもあるし、自宅直撃という変則的なインタビューもあります。

相手が快くインタビューに応じ、スムーズに話が聞けたときというのは、予定調和的な単調な記事になって、面白みに欠けるものになりがちです。

むしろ、現場で混乱したり、苦労したり、トラブルが発生したときのほうが、聞き手も読み手も予測できないドラマティックな内容に仕上がるときがあります。

小泉前総理が一日2回、ぶら下がり、という立ち話的記者会見を開いていましたが、なかにはぶら下がりではきちんとした内容の質疑がおこなえないので、正式な記者会見を開いてほしい、といった意見もあったようですが、私から言わせれば、何を贅沢なことを言ってるんだ、ということになります。

立ち話的なインタビューでもやり方と突っ込み方によって、十分本音を引き出せるものです。むしろ、正式な記者会見のときよりもガードが甘くなっているので、ボロが出やすい、人間性が出やすい、といった利点もあるはずです。

昔、誌面でよく見かけたが最近ほとんど見かけないものに、対論、あるいは激論といった記事があります。

60～70年代は、学生運動や新興の文化が盛りあがったときでもあったので、街角や集会、あるいは週刊誌で、論争が巻き起こったものです。

論争時代を象徴するのが、東大全共闘と三島由紀夫の討論集会でしょう。1969年5月13日、三島由紀夫は東大駒場の900番教室にひとりであらわれ、大勢の全共闘系学生に囲まれ、討論に挑みます。

割腹自殺する前年のことですが、三島由紀夫は緊張しているせいか、しきりに煙草を吹かしています。

東大生と三島由紀夫の論争はいま聞いても、知の格闘とでも言うべき熱さを感じさせます。

二昔前の週刊誌ジャーナリズムでは、取材テクニックのひとつとして、「相手を怒らせる」という手法がありました。怒ったときこそ、人間の本音が出る、というわけですが、二昔前のジャーナリズムには、よくこの手の激論が載ったものです。

論争というと記憶に残っているのは、1980年春、アメリカから「地獄の黙示録」をひっさげて上陸した映画監督フランシス・コッポラのエピソードです。

私は物書きになる前で、イベント仕事に携わっていましたが、学習院大学でコッポラを招き、都内の大学生数百名と「地獄の黙示録」を見てから、壇上で学生とコッポラの公開討論会をおこなうという企画を立てて、映画会社スタッフと打ち合わせをしました。

スタッフが提案してきます。

「討論会は映画研究会の学生たちによる参加で、論じ合うのはいいですが、友好的な進行になるようにお願いします」

公開討論会について、とても神経質になっています。映画会社のスタッフは、さらにこんなことを漏らしました。

「先日、日本のある高名な作家と対談したんですが……まあ、なんていうか、はっきり言って、コッポラ監督が気分のいいものではなかったと言っているのです」

そのころ、コッポラは「ゴッドファーザー」の監督として頂点を極め、さらに「地獄の黙示録」を完成させ、飛ぶ鳥を落とす勢いの監督で、迎える日本側も、コッポラとその映画を讃えるお祭り騒ぎのような状態でした。

いったい天下のコッポラとガチンコ対決した作家とは誰なんだ?

しばらくすると、判明しました。

「平凡パンチ」1980年2月25日号、3月3日号の2回にわたって掲載された「五木寛之VS

フランシス・コッポラ」がそれでした。

後に五木寛之自身が、この対談を振り返って、アメリカ人的なベトナム戦争史観に対して、一言言おうという「かなり挑戦的な気構えで席にのぞんだ」(「五木寛之ブックマガジン冬号」ベストセラーズ)という、まさに真剣勝負の内容になっています。

世紀の真剣勝負、コッポラVS五木寛之

〈五木　ぼくは、あの映画を観たあとは率直にいってある後味の悪さが残ったのを感じました。
コッポラ　後味の悪さ?
五木　それは何か、というと、イエローピープル、アジア人の1人としてあの映画を観た時に、なにかしらひっかかるものがどこかにある、ということです。
コッポラ　それは……。
五木　それは、ひょっとしたらベトナム戦争というものが、映画の中で一つのメタファの道具として使われていた、ということにあるのではないか。それとアジア人へのあなたの目です。
コッポラ　ウーン。……もちろん、ベトナム戦争は、われわれの時代の戦争だった。アメリカではとくにドラマチックにあつかわれた戦争です。ベトナム戦争は非常にドラッグ的であったし、だからベトナム戦争は、それまでの戦争にない、暗い部分へのトリップがみられたのだ

と思う。だから、あの戦争の中で描かれたアジア人とヨーロッパ人の関係というものは、もしかすると、われわれの現代の、もっとも大きなテーマではないだろうか。

五木　それはまったく同感です。しかし私は、ベトナム戦争のいちばん大きな問題は、それがアメリカにとっては一つの悪夢であり、また、バッド・トリップだったかもしれないけれども、ベトナム人にとっては「夢」ではなく、ぬきさしならない「現実」であったという、そこにあると思う。

コッポラ　どうやらあなたは、私の作品をわかっていないようだ。〉

ここで、前半部分が終わり、ひりひりした空気がさらに後半までつづきます。

〈コッポラ　あの撮影が、非常に芸術的だとか、非常に美しい芸術的価値があったとは、思わない？

五木　残念ですが。たとえば、ヘリの編隊が村を攻撃する時にワグナーじゃなくてモーツァルトの子守歌とか、あるいはラブ・ストーリーのようなセンチメンタルなメロディでも流れれば、どれほど感動的だったかと思うわけ、はっきりいって。

コッポラ　そういうことをいうのは、はっきりいえば、あなたは全然あの映画がわかってないのではないか。あらためて、時間をおいてもう一度観て、はたしてなお、そう思われるのかどうか、体験してもらいたい。〉

話は最後まで嚙み合わないまま、終盤にさしかかります。

〈五木 若い（日本の）監督らの作品を、ぜひ観てほしいですね。ぼくは、ここで非常にフランクに語っているのです。あなたは、日本に来ると、映画の関係者とか、ほんとに選ばれた人たちとしか会う機会がなくて、なかなかナマの声を聞く機会がないでしょうから。それに、日本の観客というのは、あなたが考えている以上に、実は複雑なのだ、ということもわかってほしいのです、はっきりいって。アジア人があなたが考えている以上に単純ではないことも。

コッポラ ウーン。どうもこの映画に関しては、あなたの見解は決まっているようだから、このラインで、これ以上いくら話しても、発展しないんじゃないか。〉

全編にわたる緊張感。

このときコッポラは40歳。

脂ののったハリウッドの大監督とそれを迎え撃つ高名な作家、というがっぷり四つに組んだ横綱相撲だからこそ、読み応えがあります。

コッポラもつい、映画青年のような熱さで弁明しています。

これが両巨頭の対談という平和的な中身なら、26年後に、「五木寛之ブックマガジン」に再録するほどの生命力はなかったでしょう。「地獄の黙示録」の後世の評価も、実はこのときのふたりが激しく論じたことに収斂《しゅうれん》されています。

最近、このような真剣勝負の対談というのがめっきり減ったような気がします。時には、本音を引き出す作業として、白熱する激論というのも考えていいのではないでしょうか。

コッポラの学習院大学における映画研究会の学生たちとの公開討論会は、司会が佐木隆三、パネラーに画家・芥川賞作家池田満寿夫、映画評論家白井佳夫を招き、壇上でコッポラ監督と映画やベトナム戦争について議論しあいました。

白井佳夫が、ジャングル奥地で王国を築くカーツ大佐を演じたマーロン・ブランドの長いセリフのシーンについて「説明セリフに頼りすぎている」といった発言をすると、コッポラがむきになって反論していたのが印象的でした。

そして、大学生から「地獄の黙示録」を賞賛する発言が飛び出すたびに、コッポラ監督は立ち上がって拍手をしていました。

抗議に来た相手からは、ひたすら話を聞くこと

怒った相手と向き合うときがあります。

抗議をしにやってくる相手にいかに対応するか。

以前、隔週写真誌の編集長を務めたとき、掲載した記事に怒った相手が抗議の電話をかけて

きました。

右翼を名乗っていましたが実際は組員です。呼ばれて行ったのが、歌舞伎町の喫茶店「パリジェンヌ」でした。

30分前に到着すると、すでに抗議者たちは席に座っているではないですか。宮本武蔵と佐々木小次郎の決闘では、あえて到着時間を遅らせて、敵をいらつかせる心理戦が用いられましたが、やくざの世界ではむしろその逆で、常に相手よりも早く落ち合う場所に到着して制圧しようという心理戦を用いるのです。

このとき以外にも、私はその筋の人間から呼び出しをかけられたときがありますが、こっちがいくら早めに行ってもすでに相手は到着しているのですから、彼らほど心理戦にたけた人間はいないでしょう。生死を常に感じて生きている人間の本能でもあります。

さて、喫茶店で私は大男たちに囲まれて延々と抗議を受けました。私はすでに抗議の対処数に関しては日本一だと思われる「噂の眞相」岡留安則編集長からこんなアドバイスを受けていました。

「抗議に来る人間からは、どこまでも話を聞いてやること」

この教えを守り、2時間でも3時間でも抗議を聞いてみるのが私のモットーになりました。

人間の感情の中で最も長い時間持続するのが困難なのが、〝怒り〟です。最初、怒って抗議していても、2時間3時間たつと、さすがに持続できなくなり、怒りに間が空きます。このとき、すかさずこちらから妥協点を探るのです。

「パリジェンヌ」でも、ひたすら相手の抗議を聞き、誠意をもって詫びて、なんとか事なきを得たものです。

その際、暗に金を要求するようなニュアンスを感じ取りましたが、これは拒否しました。一度でも脅されて金を支払うと、あそこは脅せば金を出す、という情報が暗黒街に流れて、様々な男たちが入れ代わり立ち代わりまたやってくるものです。

ここはぐっと踏み堪えて、後は相手が何を望んでいるのか察知して、対応することです。相手の言葉につい熱くなって反論するのは、野暮なことです。ここは仏の心境になって、じっと相手の話を聞くことです。おかげで私もずいぶん気の長い人間になれた気がします。

抽象的な話は聞き手を誘導しようとする企みである

インタビュー相手が遅刻してくるのは、こっちとしては願ってもないパターンです。

というのも、遅刻してくると、いくら図々しい人間でも、多少はわるいことだと感じて、その後のインタビューでも協力的になる場合が多いからです。

それから、前にも述べたように、現場でのトラブルは後々スパイスになって中身の濃いものになる場合が多いので、歓迎するべきです。

濃い味の話が聞ける場合はいいのですが、相手の話が抽象的で、以前から何十回と同じ話をしてきた場合、内容が上滑りになってしまうものです。

こんなとき、どうしたらいいか。

抽象的な話をしていたら、遠慮することなく突っ込んでみるべきです。

たとえば、功成り名遂げた温泉宿の経営者が「あのときは色々大変でした」と、なつかしそうな顔になった場合、ここはすんなり聞き流すのではなく「どんなことがあったのですか?」と突っ込んでみる。

「私のような中小企業の経営者は資金繰りが仕事の9割なんですよ」

そんな答えが返ってきます。

「資金繰りは大変だったんですか?」

とさらに突っ込んでみる。

「ええ。ずいぶん危ない所からも借りたものです」

という答えが返ってくる。

いまでは温泉郷の大社長として君臨しているカリスマ的経営者にも、苦闘時代があった、しかも資産数百億と思われる男にも、資金繰りで悩んでいた時代があった。

「色々大変でした」というさり気ない言葉から、突っ込みを入れて発掘した話が思わぬエピソードを語り出します。

人間は何か取り繕おうとするとき、抽象的な言葉で、その場をやり過ごすときがあります。抽象的な話をできる限り具体的な固有名詞で語ってもらうこと。これが話の深みを増すポイントになります。

温泉郷の大社長は、「資金繰りの話」をついに語ってくれましたが、ここで満足してはいけません。

彼はもっと他に隠していることがあって、それを封印するために他の暗部を出してお茶を濁そうとしたのではないか。これくらいの推理はぜひ働かせたいものです。

「色々大変でした」という言葉からさらに「あとはどんなことが大変でしたか？」と、突っ込んでみる。

すると、一拍間をおいて、「実はねえ」と語り出します。

「ここに出てきたばかりのときは、盗湯もしてたんだ」

成り上がり社長にはだいたいこの手の、いまだから語れる話、というのが隠匿《いんとく》されているものです。そこを発掘するのはこちらの腕次第です。

この大社長は、盗湯のことを隠し通してきたのですが、人間は墓場まで秘密を持っていくことはなかなか不可能です。言葉を持っている生き物ゆえに、いつか人に話してしまいたい欲求にかられるものです。誰かがその欲求をうまくすくい取ってやると、衝撃の告白が飛び出してくるのです。

大社長は、本来なら盗湯のことを懺悔《ざんげ》しようとしたかったのですが、そこは保身が勝ち、資金繰りの話で私の気を引こうとした。だが何度か突っ込まれているうちに、誰にも話したことがなかった秘密をこの際だからと語る気になったわけです。

このように、意味深な言葉を投げかけて、相手の注意をそらすテクニックは、人生経験豊富な人間がよくやる手です。

相手にうまく突っ込んだつもりでも、相手に誘導されている危険性を常に感じながら、話をすべきでしょう。

人間には、肝心な点を言わずにボカす防衛本能があります。そこをいかに突き崩すかは、話を具体的に聞き出すことからはじまります。

それで思い起こすのは、田原総一朗のボディブローのような突っ込みです。

「消費税、上げるんですか、上げないんですか」

政治家に切り込み、さらに、

「いつ上げるんですか」

と突っ込み、また、

「本当にやるんですね」

とだめ押しをする。

一点を徹底して突っ込んでいく、まさにボディブローのような話法です。政治家は、まるで○と×のカードを持たされたような気分でしょう。

田原総一朗の鋭い切り込みに、一瞬、迷いの表情を浮かべるのをカメラが冷酷に映し出す。これだけで、視聴者は政治家が本気なのかその気がないのか、判断してしまうものです。まさにテレビ向きのボディブロー話法です。

肝心なのは、徹底して相手を論破するまで追い込むように見えますが、田原総一朗は政治家が困窮すると、「ま、いいや」と、テーマを切り替えることもやる点です。これで相手は救われるのですが、あまり相手を論破しようとすると、かえって周囲が相手に同情を持ってしまうときがあります。「ま、いいや」で救われた政治家は、また機会があれば出演しようという気にもなるでしょう。完全に相手を論破するのではなく、逃げ道を与えたり、釈明の余地を残しておくのは、論争において必要なことでもあります。勝ち負けは読者や視聴者が決めてくれるのですから。それに、完膚なきまで叩きのめすよりも、いくらか釈明の余地を与えてやるほうが、後になって、向こうからこちらの軍門に下る、あるいはこちらのシンパになることもあります。相手のプライドは傷つけないで論争したいものです。

ノートをとることの効用について

俳優の次に難敵なのは、女性人権活動家です。

彼女たちを取材するときがまたやっかいで、すでに私が男であることが彼女にとって、敵愾《てきがい》心《しん》を燃やす要素になっている場合が少なからずあるからです。

女性編集者と私とで、フェミニストのある事務所を訪問したときのことです。最初からフェミニストは私ではなく、女性編集者と話をするばかりで、私が入っていく余地はない状態でした。

それでもいくつか私が質問します。いつものように半生を知りたがる私は、フェミニストの幼いころの話からはじまり、初体験話を聞こうとしたのですが、これがいけなかった。とたんに「それとこのインタビューとどう関係があるの？」と怒り出しました。あとは、まったく無視されたままです。

私の場合、インタビューでは、SONYの小型カセットレコーダーを使用しています。アナログ的ですが、このほうがテープ起こしをするとき、テープを止めたり巻き戻したりするのが容易なので、このレコーダーを使っています。

取材現場ではそれに加えて、常に大学ノートを開き、メモしています。メモの内容は、音で記録できない要素すべてです。それは、取材対象者の着ている洋服であったり、身に着けている時計や貴金属、あるいは髪型、それに部屋の雰囲気、書棚にある本の名前、香ってくる香水、部屋の香り、等々。

フェミニストのインタビューでは、とても新鮮な発見をしました。相手にしてもらえない私は、ふと斜め前の書棚に視線を移しました。すると、感動的な光景が広がっていたのです。

普通、書棚に本を分類するとき、たいていの人間は、小説・ノンフィクション・辞書類、といったようにジャンル別に分けるものです。ところが、フェミニストの書棚はこんなありふれた分け方ではなかったのです。なんということか、書棚はブルーからグリーン、そしてイエロー、ホワイトとグラデーションがかかったように、色彩が渦巻いているのです。よく見ると、背表紙の色別に本を分けて収納しているので、グラデーションがかかったような美しさになっていたのでした。

まさか背表紙の色で本を分ける発想があったなんて。この感覚は男には絶対真似のできないものです。私はそう賞めようとしたのですが、女性ならではの感性、というのはまさにフェミニストが嫌う発言ではないかと思い、言葉を飲み込んでしまいました。

色別の分類、という新鮮な感受性は録音テープに残せないので、私のノートにメモしておき、後の原稿に反映させました。

色・匂い・空気。

これらはテープに残せない要素ですが、文章にするとき一番ポイントになるものです。ノートにはこういった要素をできる限り残しておくことです。その場で感じた感想も忘れないうちにメモしておくことも、肝心でしょう。

自分にない語彙は記憶の手がかりになる

では、録音テープも回せない、ノートもとれない場合にはどうしたらいいでしょう。

『何が彼女をそうさせたか』（バジリコ）という自著で、私が用いた記録方法を紹介します。

これは、大塚駅周辺で営業しているホテトルに在籍する人妻たちにインタビューを試みたものです。当然、彼女たちにはインタビューのことは伏せてあります。ホテルにしけこみ、客として、90分から120分、身の上話を聞き出すのですが、このときはノートもとれないし、録音テープも回せません。

では、どうするのか。

相手の話し言葉をよく聞いているうちに、私が使わないフレーズ、単語、言い回しが出てきます。

たとえば、74歳という高齢の人妻ホテトル嬢がいました。高齢化社会の象徴で、彼女は出戻りの小姑とうまくいかなくなり、家を出てしまいます。皿洗いをしても、高齢の悲しさで、ひとり暮らしはなかなか楽になりません。そこで目にしたのが、熟女風俗の求人広告でした。世の中には、70歳以上の人生のベテランに発情する男たちも少なからず存在するのです。

シャワー室で談笑しました。

背中を洗ってもらっているうちに、身の上話になります。

「わたしがこんなことしてるってダンナに知られたら、一巻の終わりですよ」

彼女の言った「一巻の終わり」という言葉が私のアンテナにひっかかりました。「一巻の終わり」というフレーズは久しぶりに耳にしました。

私のボキャブラリーには入らない、古いけれど新鮮な言葉です。自分の辞書に書き込まれていない言葉は後々まで印象に残ります。この言葉に付着して、前後の話した内容を記憶すると、長い会話がほぼ完全に記憶に刻まれます。

あとは、いかにして「一巻の終わり」的な自分にないキイワードを他に見つけるかです。

「機銃掃射されたんだよ。あたしとお父さんと自転車に乗っていたら、いきなり飛んできて、バリバリ撃ち出して、危なく命落とすところだったよ。戦争はいやだねえ。二度とやっちゃいけないね」

機銃掃射という戦時中の日本で頻繁に起きた米軍艦載機による殺戮シーンが、74歳の彼女によって語られました。〝機銃掃射〟がこの場合のキイワードになって、エピソードは印象に残りました。

余談ですが、さすがに高齢の人妻ホテトル嬢とは、シャワー室で体を洗ってもらった間柄で終わりましたが。

40歳の人妻ホテトル嬢の場合。

彼女は前の夫との間にひとり娘がいたのですが、夫がアルコール依存症になって離婚、真面目なサラリーマンと同棲をはじめたのですが、この男が母親のいない隙に娘に悪戯《いたずら》するというショッキングな事実を娘から知らされ、別れたのでした。

「もう金輪際、男とは暮らさないと誓ったの。でもね、縁というか、2年前に再婚したの。今度は10歳年下の男」

悪戯という深刻な事件も印象に残りましたが、彼女が口にした「金輪際」という単語も、私のアンテナにひっかかりました。この言葉に付着して、前後の会話が記憶に残ります。

そして印象的な内容と言葉によって頭に残された会話はどう記録するか。人妻ホテトル嬢と別れると、すぐに近くのファミレスに飛び込み、すかさず手帳にいま聞いた話を、早書きします。こうすれば、たいていの会話は再現することができます。

印象深い言葉を基軸にして前後の会話を記憶することは、個性的なボキャブラリーを残すことでもありますから、相手のキャラクターを浮き上がらせることにもなります。

まさに個性とはその人の使う言葉でもある、と言えるでしょう。

究極のコミュニケーション〝全裸インタビュー〟

人間が最も心を許す瞬間、それはなんといっても、情事の後、裸のまま天井を見上げているときではないでしょうか。

さっきまでの高揚感から解放され、素にもどりつつあるとき、男女というのは問わず語りで、みずからの過去や秘密をつぶやくものです。

歴史は夜つくられる、と言いますが、ふたりで天井をみつめながら話したことから、新しい展開が生まれてくるのだと思います。

人間が無防備になる瞬間に話を聞き出す、全裸インタビューはまさに究極のコミュニケーションです。

これは何も男女のときだけではありません。格闘家というのは、誰もがサウナ好きで、話を聞くときも、サウナに誘われて、という場合がよくあります。後楽園サウナは、格闘家が集まる場所で、よくプライベートな話が聞けたものです。温泉に浸《つ》かると、リラックスして、それまで隠していた逸話がぽろりと出てきやすくなります。

それから、全裸になって初めてわかることがあります。撮影現場でよく見かけるのですが、企画系モデル（それほど名の売れていないAV女優）には、アルバイトで出演する人妻がたくさんいます。

この前、スタジオで目撃した31歳の奥さんは、下腹に妊娠腺がありました。聞けば、子どもを3人産んだ、とのこと。

「昼間は近所の食品工場で働いているんですけど、託児所代で消えちゃうから、もっと高いアルバイトないかなって探していたら、レディコミの広告で人妻モデルを募集しているというから、応募してみたんです。住宅ローンもあるから、がんばって稼がないと」

雑誌のグラビアやビデオの撮影現場には、こんな元気のいい奥さんがよく登場します。亭主は呑気《のんき》なのか、妻が脱いで稼いでいるとは、露ほども知らず、奥さんも、アルバイトがバレる恐れは想定外にしています。

妊娠腺からその家庭の経済状態がわかるように、全裸になって初めてわかることはたくさんあります。

人間生まれてきたときはみな裸、なのですから、裸になると、本音が出てくるのも当然でしょう。

第七章　すべての人間はドラマティックな存在である

吃音はかえって説得力を増す

2、3時間の録音テープなら自分でさっさとテープ起こしをしますが、それ以上になると外注するときがあります。

できあがってきたテープ起こしの原稿を読むと、所々、「聞き取り不能」という箇所があります。ほとんどの箇所が私の発言部分です。

もともと滑舌がわるく、早口で、しばしば言葉がつっかえる癖があります。聞き手にとってまことに聞きづらいインタビュアーです。インタビュアーの発声としては、最低ランクに近いのではないでしょうか。

それでも、つっかえる話し方が、かえって「好きです」と言ってくれるモデルやAV女優もいるのだから、弱点はあるとき長所にも転じるというものです。

つっかえる癖というと、ある吃音の男Mが思い浮かびます。

彼は、大阪出身で貧困の生活を余儀なくされ、ある広域暴力団の構成員になり、修羅場をくぐり抜けます。

最近では、吃音のやくざが出てくる映画というのはすっかり消滅しましたが、昔の邦画にはかならず「ドモ安」というあだ名の吃音のやくざがいたものです。

Mは生まれながら吃音でした。貧困生活を送り、差別もからみ、高校を中退し、幾多のアルバイトを経て、組に入ります。

私は彼をインタビューしたとき、吃音が激しく、原稿にしたとき読みづらいのではないかと思い、吃音部分をカットして、読みやすい原稿に書き換えました。

「指詰めるやくざには2通りあるんですわ。好きで指を詰めるやつと、強制的に詰めさせられるやつ。自分は詰めたかったんです。アイデンティティ確立させるために指を詰めたんです。変ですが、そのときは自信が喪失していたので、詰めたのです」

しかしこれでは、Mの素顔がまったくわからない。詐欺的文章です。

再び彼のことを書く機会があったので、私は思い切って吃音部分をすべて活字にしました。同じ発言ですが、比べてみてください。

「指詰めるやくざは、おおおおお思うには、2通り人間がおって、強制的に詰めさせられる人と、自分自身が詰めるのが好きで詰める人。まあのあのあの、自分があのあのあの、いいいいやくざとしてのアイデンティティとしてのかかくわっ確立させるために指を詰める、という、だからかかから、自分が好きで詰めたんです。変やけど、そんとき、自信が喪失しておったんで、つつつつ詰めたんです」

このほうがMの素顔によっぽど近い。

書いてから、私は前に書いた吃音なしの原稿に自己嫌悪を感じたものです。だったら、とことん、正確に書いてみよう。Mは、話に興じてくると、破裂音で言葉を発するので、会議室で聞いていると、部屋中が震動するかのようです。

「ききき吃音のはははは激しいやくざいいいまいましたね。実際に、吃音のやくざ、くくくええぇっこういます。吃音でも、けっこうおしゃべりなやつ多いです。人に伝えないといけないときは、どうしてもどうしてもどどどうしてもエネルギーがいいりいりますね」

Mはやくざから足を洗い、鈴木邦男一水会元代表から紹介してもらい、元赤軍派議長塩見孝也のもとに弟子入りしたのでした。

左右を股にかける男です。

鈴木邦男も塩見孝也も面倒見のいい人物ですから、Mの選択は正しかったのでしょう。

吃音になりながら、口から泡を飛ばし必死になってしゃべるMに、かえって誠実な印象を受けたものです。口からすらすら出てきた半生記よりもずっと説得力があります。これもまたハンディになるものでも、かえって長所になる実例でありましょう。

困難な事態になったら、一晩あけてみる

隠遁していた元男性アイドルを探しだしてきて、彼の半生を語り下ろしてもらう機会がありました。

ホテルの部屋にカンヅメになって、半生を語ってもらうのですが、なかなか肝心な部分は口にしないまま、当たり障りのない会話に終始します。恋愛問題については、かたくなに口を閉ざしたままです。

二進《にっち》も三進《さっち》もいかなくなった私は、その日はそこで切り上げて、また翌日、インタビューをおこなうことにしました。

「また明日会っても、そんなに話すことはないけど」

つれない返事です。

それでも一晩たって再会すると、あきらかに彼の様子が変わっていました。一晩のうちに、色々な相談者からアドバイスを受けて、考え方が変わったのでしょう。

私ひとりで口説こうとしても、こうはうまくいかなかった。他人の力で説得できる場合があるのです。このときのインタビューをまとめた本は、芸能界に激震を起こしましたが、一晩の猶予があったからこそでした。

もっともこの逆の場合もありました。

ある女優をホテルにカンヅメにして半生を語ってもらっているうちに、私にも功を焦る気があったのか、彼女が3歳年齢をサバ読みしていることを、この際だから告白してしまえば、と助言したのです。

年齢のことなど、彼女の前衛的な活動歴からすれば取るに足らない物、むしろサバ読みをつづけるほうがかっこわるい、と口説いてみたのですが、がんとして首を縦にふりません。

深夜になって別れて、一晩たてば考え方も変わるだろうと思っていたら、翌日、プロダクション社長から、強硬な抗議を受けたものです。

一晩たてば事態は悪化することも頭の隅に入れておく必要があるわけです。一晩寝かせるのがいいのかわるいのかは、その場の空気を読んでみるしかありません。

体験的に言えば、一晩あけてうまくいくケースは男性の場合が多い気がします。

コミュニケーション能力にたけたホスト

いきなり預金通帳を私に見せたホストがいました。

彼は、自分の肩書きをホストとは言わず、ジゴロと称していた、伏見直樹です。

いまのように、メディアがホスト業界を取り上げるのは稀な時代だったので、伏見直樹が白いスーツの背中にジゴロの名前を刺繍して、歌舞伎町を闊歩する姿はとても目立ちました。

「本橋さん。女が私のためにこうやって預金してくれてたんです。見たら、500万ありましたよ」

取材で顔見知りになった私に、伏見直樹は預金通帳を見せてくれました。私はホストの世界が、金と女で成り立っているのを実感し、伏見直樹のモテぶりに驚嘆したものです。

もっとも、いまから考えると、ホストはけっして人を飽きさせてはいけない職業ですから、私に見せた通帳ももしかしたら自分の虎の子だったのかもしれません。

それでも、私にいきなり冒頭から、通帳を見せるというのは、まさにつかみはOK、人の気をそらさない、ホストの鑑《かがみ》でした。

伏見直樹にかぎらず、ホストたちは女だけでなく男にも気を遣います。これだから、女性はコロッといってしまうわけです。

気配りは、彼らの特徴であり、武器でもあります。

女性とのコミュニケーションをはかるには、軽いノリだと言われようと、その場の話題に乗って盛りあがるのが彼らの習性です。それでも半年1年、女性客とつきあっていくと、マンネリ化が避けられません。すると、ホストはどうするか。

トラブルを起こします。

致命的な問題ではなく、別の女の影がちらつくとか、ささいなことで口喧嘩をしたり、つきあうのをやめようか、と話を切り出したり、とにかく波風を立てるのです。波乱が巻き起こると、いままでの退屈な関係もとたんに刺激的になり、この人を失わないように、つなぎとめておこう、と以前よりも親密な関係になるものです。

ホストは、この辺の心理戦にたけています。

ホスト界の首領、「愛」グループの愛田武社長によれば、苛烈なホスト業界で№1にのし上がる男には共通する特徴があると言います。

「やさしくて、人がよくて、親切。こういったホストはよくて真ん中。逆に、わがままで、強気で、鼻っぱしが強くて、やくざの女でも平気で手を出す、こういうホストが1番になりますね」

これはなにもホストの世界だけではなく、一般人の世界でも通用する法則でしょう。積極的な男に女は弱いものです。

ホストは会話の内容がトレンディドラマと音楽が中心という、軽いものに偏りがちではありますが、女性との会話で間が持たないということはありません。

これもまた、ホストの世界だけではなく、一般人でも通用することで、無口な男がモテたためしはいまだかつて見たことがありません。モテる男は、話題が豊富、話し好き、です。一見クールに見えても女性と一緒にいるときは、相当しゃべっているものです。お笑い芸人がモテるのも、話し好きで女を飽きさせないからです。

脱英雄史観、サラリーマンの半生にドラマを感じる

サラリーマンから話を聞くとき、いつも思うのは、仕事以外の時間帯での放埒《ほうらつ》な生態です。これはOLにも言えることですが、会社人としての彼ら彼女たちは、日頃のストレスからか、私生活では無頼派よりも過激な日々を送っています。

大手メガバンクのOLは、窓口にやってくる顧客のなかから好みの男を見つけると、個人情報を秘かに調べて、当たりをつけて親しくなるチャンスを狙っている、と屈託なく話していました。

銀行員は転勤がつきものですが、送別会になると、後は野となれ山となれの気分なのか、その夜は無礼講になります。行内の不倫は盛んで、三角関係も珍しくない。そういった告白を聞くと、銀行の秩序立った光景も、なにやら生々しく見えてきます。

OLやサラリーマンの告白は、これからもっと発掘していけば、衝撃的な世界が表に出る気がします。匿名性の彼ら彼女たちは、自分の歩んできた世界の面白さをまだ世間に発信していないからです。ここには金脈が眠っているはずです。

いま、私は「団塊パンチ」（飛鳥新社）に、「VANの神話」を連載しています。

石津謙介が興したVANは戦後日本のファッションを牽引し、アイビーを広め、おしゃれとは何かを提案してきた偉大な会社でした。

残念ながら1978年、倒産してしまいますが、VANに集った様々な社員たちをいま、追跡取材して原稿を書いています。

VANイコール石津謙介といういままでの英雄史観的な記事ではなく、名前は知られていないがそれぞれ万感を胸に抱き、挫折し、新たな道を歩み出した無名の社員たちのその後です。

彼らの話がまた面白い。それはまた、会社が倒産してから生きてきた彼らの日々が、面白いことでもあります。

時間の流れに消え去ってしまいそうな彼らの生々しい話こそ、私が記録に留めておきたいものです。

それは脱英雄史観とでも言うべきものでしょう。無名の人々にこそ、ドラマは埋まっているし、発掘のし甲斐があるというものです。

緊張したときのとっておきの秘策

大企業経営者や功成り名遂げた人物、その世界のカリスマは、いつになっても話を聞くとき、緊張するものです。

特に年上の威厳たっぷりな男性を前にすると、緊張するなというほうが無理です。『極道の妻たち』『イエローキャブ』『バブルと寝た女たち』といった先鋭的な人物から話を聞き出してきた大宅賞作家家田荘子も、「取材前には気が重くなる」と漏らしていましたが、正直な人だと思いました。

人と会うのが好きで仕方がない、というイメージが強い人でも、気が重くなるのですから、どんな人間でも初対面の人と会うのは期待と同時に緊張感がつきまとうものです。

携帯電話やインターネットにおけるメールが、現代人にとってコミュニケーションの欠かせない手段になっています。

いちいちメールで送るよりも、電話したほうが手っ取り早いじゃないか、という意見もありますが、相手の都合も考えずに割り込んでくる電話よりも、いつ送っても相手の都合にあわせて読んでもらえるメールのほうが、人にやさしいツールである、という意見も多いものです。

メールは、相手の心に染み通る力があるので、恋愛において有効な手段になります。

私が高校、大学生のころ、メールがあったら、ずいぶん違った恋愛模様を描いていたことだろうと思います。メールなら羞恥心もそれほど感じず、大胆な恋の告白もできたんじゃないか。

ところで、昨今のメール普及率の高さは、実は誰も人と電話で話すことが、億劫で緊張を伴うものだと感じているからではないでしょうか。

話をする、というのは相手との意思を嚙み合わせる作業ですから、意外と疲れるものです。それに対して、メールは一方通行ですむのですから、話をするよりもずっと楽です。

私だけでなく人は誰しも話をすることを、重荷に感じているのかもしれません。

相手の緊張をときほぐす秘策があります。

笑いをとることも緊張をやわらげるひとつの手法ですが、身の回りにある小道具も緊張を解きほぐす効果があります。

たとえば、煙草。

私は煙草をやめて丸7年4ヶ月になりますが、相手が煙草を吹かそうとするとき、しめた、と思います。

というのも、人間、煙草を吸うときは、必ず気分がリラックスしたときだからです。

煙草を吸いながら論争することは決してありません。相手が煙草を吸うときは、相手も気分が悪くないときです。

相手が煙草を吸い出したら、商談や交渉もうまくいきだす兆候であります。

だから、私は相手に煙草を吸ってもらうことを対話の中盤の目標に置いています。

煙草が気分をリラックスさせるように、食事も心をやわらげる効果があります。

食事中に論争を仕掛ける人間はまず、いません。どんな凶暴な男でも、食事中は機嫌がいいものです。

対談や商談、インタビューといった場面で食事を介在させることは、プラスに作用するものです。そもそも咀嚼《そしゃく》しているとき、人間はまず機嫌が悪くなることはありません。

インタビューのとき、口臭が気になる相手が時折います。

私の場合、口臭はなくても、相手を気遣い、エチケット用顆粒菓子FRISKを頬張って、インタビュー場所に向かうときもあります。

初めて会うのだから緊張しているのは私だけでなく相手側も同じことです。

愛煙家ならここで一服したいところでしょうが、女性の場合、気を遣ってそうもいかない。そのとき、テーブルに置いてある私が持ってきたエチケット用の菓子をすすめてみます。相手が口の中をすーすーさせると、劇的に緊張がやわらいでくるのがわかります。

昔から、緊張したら相手がカボチャかナスと思え、と言い伝えられてきました。

最近会った女優は、「緊張しそうになったら、まわりの人間をジャガイモだと思うようにしてます」と発言していました。

ジャガイモに見えればいいのですが、緊張させる相手を野菜だと感じるには、少々無理があります。

それでは、商談、対談、インタビューのとき、緊張したらどうしたらいいのでしょうか。

とっておきの秘策があります。

ここで初公開しますが、緊張したら私は目の前にいる偉そうな男がどんな顔して女性の股間に顔を埋めているのか想像してみることにしています。

緊張したらクンニ。

これは効きます。

どんな慈愛の念を持った宗教家でも、愛を説く教育家でも、憂国の情に燃える人物も、政治をなんとかしなければと奮い立つ市民運動家も、社員数1万人を超す大企業経営者も、皆、女の股ぐらに顔を埋めるくらいはするでしょう。彼らのその姿を連想しただけで、誰しも人間なんだ、一皮むけば俗人なんだ、と思えて、緊張感も薄らいできます。

これは効きます。

この前、テレビで、リリー・フランキーが「この人はどんな顔してクンニするんだろう」と発言していたのをたまたま見て、我が意を得たりと思いました。

人間皆俗人。

遠慮することもないし、必要以上に緊張することもない。

座談の名手は好奇心が旺盛である

対談の名手、と言われたのが作家吉行淳之介です。

週刊誌や文芸誌で対談を連載し、なかでも『変わった種族研究』という東京オリンピックの年におこなった一連の対談をまとめた本では、時代の先端を走っていた男女と対談しています。踊る指揮者としてテレビに出ていたスマイリー小原。黒眼鏡のプレイボーイでマスコミデビューを果たした野坂昭如。小悪魔と騒がれた加賀まりこ。1960年代に活躍した日劇ミュージックホールのスター、アンジェラ浅丘。

吉行淳之介は、友だちのように親しみをこめて語り合っています。後に、座談の名手と呼ばれた彼が、その極意は、と尋ねられたところ、吉行淳之介は「好きな相手としかやらない」と答えたのでした。

これもひとつの見識でしょう。

だが、好きな相手ばかりと話ができるとは限りません。

たとえば、「笑っていいとも！」のテレフォンショッキングにおけるタモリは、毎日、歌手や俳優、政治家、文化人と会って話をしなければなりません。

たとえば、最近では、(火)だいたひかる　(水)湯浅卓　(木)ユンソナ　(金)レイザーラモンHG　(月)中村雅俊　(火)時任三郎　(水)寛利夫。

お笑い芸人、弁護士、女優、男優、と連日、異なる分野の人間を相手に話さなければならない。20分程度とはいえ、視聴者を飽きさせないように話題を絞り込んで進めるのは並大抵の技ではできないでしょう。打ち合わせもないのだから、その場でのジャズの即興演奏（インプロビゼーション）のように相手にあわせていかなければなりません。タモリの全天候型とでも言うべき対応能力は、お手本にしたいほどです。

よく見ていると、仕事の話より趣味の話にもっていくほうが、タモリもあわせやすいように見えます。これだと苦手な相手でもすんなりと溶け込んでいけます。

ソープ嬢も、初対面の客には、仕事や家庭の話はせずに、当たり障りのない趣味の話に持っていくことがマナーになっています。

初対面の人間に、冒頭から政治と宗教の話題を向けるのも、避けたほうが無難でしょう。政治と宗教は、人間が最もむきになる対象ですから、しゃれにならない場合が出てきます。

テリー伊藤も座談の名手です。

「アサヒ芸能」で毎週対談をやっていますが、政治家であれプロレスラーであれ、アイドルであれ、すべて対応できます。

彼の演出する番組で、新進のお笑いタレントが異様にハッスルしてしまうのも、リハーサル時のテリー伊藤の乗せ上手な演出法にあるのではないでしょうか。どんな人間からでも熱心に話を聞き、面白がる、という素晴らしい才能があります。

それはまた好奇心でもあります。

だからこそ、毎回、人間と会っていても話題が尽きないのでしょう。

対談の名手はいま、いるか。

すぐに思い浮かぶのが、「週刊朝日」の林真理子、「週刊文春」の阿川佐和子のふたりです。

「まあ、秋っぽいお洋服!」「すごいなと思いましたよ」「すてき!」「なんでなんで?」「ほんとにプロですよね」と、あえてデビュー時のようにミーハー心を前面に押し出して、林真理子は話を聞いていきます。女流作家の第一人者からこんな美辞を送られれば、ついうれしくなって、知らないうちに本音を引き出されてしまいます。

阿川佐和子はボケとツッコミが得意で、やはりいつの間にか乗せられてしゃべっています。ゲストのあるキャスターに、カツラ疑惑について直撃していた回がありましたが、さすがの私も、ここまでは突っ込めません。原稿にするとき、許可したキャスターと事務所も太っ腹ですが。

女性だから突っ込める、許される、というケースが確固としてあります。男だったらとてもじゃないが、ぎすぎすした雰囲気になってしまうときでも、女性であればなんとかなる、というのも現実です。

これからは女性がインタビュアーとして、もっと活躍する場面が増えてくるのではないでしようか。

出逢いがかなったときの喜びこそ、大事にしたい

人見知りの私でも、真底会ってみたい人がいます。

そのひとりが、高田宗彦という俳優でした。

彼の名前を見て、どこの誰かわかる人はかなりマニアックです。

というのも、メディアに取り上げられたことのある人物なら必ずデータとして残っているとされるあの大宅文庫にすら、私が調べたときには、彼の名前はありませんでした。

高田宗彦とは、1959年放送された「少年ジェット」という子ども向け番組に登場した敵役ブラック・デビルを演じた俳優です。

主人公の少年ジェットは、「ウーヤーター!」というかけ声で大地を揺るがす技を持ち、愛犬シェーンとともに悪を退治する少年です。敵役のブラック・デビルは、怪盗アルセーヌ・ルパンのようなきざなマントにハットをかぶり、ステッキを小脇にはさむダンディな悪役です。「ジェット」と言わずに、「ゼット」と発音する特有のなまりがあり、日本人離れしたあくの強い顔は、日系人なのかという噂もありました。

毎回、少年ジェットの前に立ちふさがり、不気味な笑い声とともに、「きっとあの財宝を手

に入れてみせまーす」という、ハーフっぽい言い回しは、当時の少年たちに強烈な印象を残しました。40代半ば以上の男性なら、ブラック・デビルは皆知っているほどです。

ところが、誰に聞いても、ブラック・デビルを演じた高田宗彦のことは、皆、知りません。1960年代文化に詳しい知識人、編集者に尋ねても、ひとりも知りませんでした。

誰もが顔は知ってるけれど、どんな人物なのかわからない。そんな忘れ去られた人物を探しだしてきて、活字に残しておくのは、私の最も意義深い仕事です。

果たして原稿になるかどうかわからないまま、高田宗彦の消息を調べだしました。

いまから40年以上前にベテラン俳優の味を出していたのですから、恐らくもうこの世にはいないと思われました。現在の大映に聞いたところ、専属俳優だったことはわかっているが、それ以上のことはわからないとのこと。ひとつだけわかったことといえば、お嬢さんがいて、いま、女優をしているという情報だけでした。

新聞や雑誌、当時を知る関係者にあたってみましたが、消息はつかめません。

こうなるともう執念です。

消息がつかめるまで、あきらめまいと、仕事抜きで調べてきました。そして、調べているうちに、ようやく、悪役の父を持つ、と女優の松本留美がテレビで言っていた、という情報を得ることができました。

松本留美は、ＮＨＫ大河ドラマ「春の坂道」、「パパはニュースキャスター」（ＴＢＳ）、「白線流し」（フジテレビ）といったドラマで活躍するベテラン女優であることは、ドラマをあまり見ない私でも、知っていました。

迷わず、インタビューを申し込みます。最もインタビューがやりにくいのが女優である、と先に書いたように、自分以外の件について話をしてくれるのか、期待は持てませんでした。

ところが、舞台の合間をぬって、取材を受けてくれたのです。そして、衝撃的な事実を知らされます。

私が取材をはじめたころまで、高田宗彦は生きていたのです。１９５９年、できたばかりの東京タワーを背景に、マントを翻していたブラック・デビルは、21世紀の今日まで生存していたのです。

高田宗彦は、日本人の母とスコットランド人の父を持つ日英のハーフでした。日本大学歯学部に入学するものの、役者になるために芸術科に移り、戦前から映画俳優の道を歩みはじめます。徴兵され終戦後、無事に帰還すると、大映の専属俳優になります。高田宗彦は、セリフのあまりない、脇役専門の俳優として、体操教師、運転手、テレビ解説者、通行人といった端役を演じます。

そして、エキゾチックな風貌から、抜擢されてブラック・デビルの役を与えられたのでした。

お嬢さんによれば、「毎日がシャンパンの泡のように本人の中に色々なアイディアが噴き出てきたんです」とのことでした。

私たちに強烈な印象を残したブラック・デビルも、物語の終演とともに静かに消えていきます。

そしてまた大映の専属俳優として、「ガメラ」シリーズの、ギャオスに襲われる乗客役として一瞬、顔を見せたりします。

大映の倒産後は、演劇学校の講師をやったりして、2004年3月31日、87歳で静かにこの世を去りました。

タッチの差で逢えなかったことは、残念でした。

「父のことにこんなにこだわってくださるかたがいて、父も喜んでいると思います」と、お嬢さんが感激していました。

伝説の人物を知ることができたのだから、こちらのほうこそ喜びました。

人知れず消えていった名優のことは、私が連載している月刊「創」誌上で書き留めました。

出逢いがかなったときの感激は、何ものにも代え難いものがあります。この仕事をしていてよかった、と思えたときでもありました。

裏を取るという作業が感動を深める

証言が正しいかどうか、確認することを、「裏を取る」と言います。発言内容を補強するために、関係者からコメントを求めることがあります。

たまたま映画「神田川」をレンタルビデオで見たとき、1970年代前半の高田馬場・早稲田界隈が舞台として映し出されていました。いまよりもずっと川幅が狭く、20年前までは大雨がふると洪水をひきおこしていたものです。

1974年春公開のこの映画は前年に大ヒットした南こうせつとかぐや姫の「神田川」の曲が原案になっています。主演の大学生役・真には当時、資生堂男性化粧品の専属モデルから俳優に転身して人気絶頂だった日米ハーフの草刈正雄、恋人役のみち子は、可憐な関根恵子(現・高橋惠子)、神田川の3畳一間のアパートで同棲しながら、結ばれない愛を熱演しています。

映画のラストに「神田川」の曲が流れると、聞き慣れていたこの曲があらためて名曲だったことに気づかされました。

「神田川」は作詞者の喜多條忠が早稲田の学生だったころ、高田馬場から西早稲田にかけてみち子と同棲していた実体験をもとにつくられた歌でした。

「月刊現代」で「神田川」が生まれた瞬間、という内容の原稿を書こうと思い、喜多條忠の青春を中心に取材を進めていくうちに当人に会うことができました。

文化放送で構成作家をしていた喜多條忠がデビューしたばかりの南こうせつと出会い、こうせつから作詞を依頼されます。

「どんな長い詞でも僕は作曲して歌う自信がありますから」

南こうせつの自信に、喜多條忠は半信半疑のまま、初めて作詞を引き受けました。

徹夜明け、文化放送から中野までタクシーで帰宅する途中、小滝橋を右に曲がりかけると、川にかかる標語が目に留まります。

〈川をきれいにしましょう　神田川〉

学生時代、同棲していたみち子と暮らしていた部屋の下に流れていた神田川が思い出されます。

締め切りは今日、はたして書けるか。机の前にすわった喜多條忠は、白紙のノートにさっき目に留まった言葉を書いてみました。

〈神田川〉

詞はすぐに書き上げました。

ただし、空白が1箇所あります。
□□が　こわかった

この□□を埋めるものはいったいなんだったんだろうか。機動隊との紛争で、催涙ガスを浴びて顔を腫らして帰ってきた部屋。みち子が夕飯の支度をしている。

「きょうはカレーライスよ」

さっきまでの喧噪と、部屋の中にあった静寂。背中を見せて料理しているみち子と、このまま一緒になるのがはたして自分にとって幸福なのか。このまま自分は平和に組み込まれるのか。

喜多條忠は□□の空白に文字を埋めます。この瞬間、自由詩の歴史上、最も知られるあのせつない詩句が誕生します。

――ただあなたのやさしさが　こわかった

まだファックスもなかった時代、喜多條忠から南こうせつへ電話による口伝えで歌詞が伝えられていきます。

「はいはい。どうぞ」

「あなたはもう忘れたかしら」

「あなたは……もう忘れた……かしら。はい、どうぞ」

「赤い手ぬぐいマフラーにして」

「赤い……手ぬぐい……マフラーにして。はい、どうぞ」

口伝えが終わり、受話器を置いた5分後。

南こうせつから電話が入ります。

「喜多條さん。できました。聴いてください」

「で、できたって、まだ」

「さっき、詞をメモしてるときにもうメロディが浮かんできたんですよ」

こうせつは受話器をマイク代わりに置くと、ギターを弾き歌い出します。

貴方は　もう忘れたかしら
赤い手ぬぐい　マフラーにして
二人で行った　横丁の風呂屋
一緒に出ようねって　言ったのに
いつも私が　待たされた
洗い髪が　しんまで冷えて
小さな石鹼　カタカタ鳴った

このエピソードを喜多條忠から聞いたとき、私はなんとしてでも南こうせつから話を聞こうと思いました。

幸運にも、締め切りにぎりぎり間に合うタイミングで、南こうせつが住まいの大分からコンサートのために上京し、キャピトル東急ホテルに宿泊していました。ビートルズが来日した際に宿泊したあのホテルです。

――〈神田川〉はほんとうに5分で書いた曲だったんですか？

「そうですね。メロディが入っていたんですね、言葉に。それを引き出しただけの話なんじゃないかな」

――つまり5分というのは、受話器を置いてギターをとりにいった時間だった。

「うん。それですぐ喜多條さんに聞かせたのかもしれない。詞をメモすると同時にメロディが浮かんできていたんですね。詞が先にある場合は言霊といいますか、言葉の中にメロディがあるんです。それは自分の個性、南こうせつという肉体を通すわけですから、同じ詞でもちがう人がやるとまたちがうメロディが出てくるだろうし。それぞれそれを読みとった人が感じるメロディがある。いずれにしても詞の中にメロディがあると僕は思っているんです」

ポール・マッカートニーが「イエスタデイ」を作曲したとき、夢で完璧なメロディが浮かんできたというように、名曲は時として天から降りてくるときがあるものです。

5分間でできた曲は、いまでも人々に愛唱される名曲になっています。

複数の証言を得ることで、感動がより深まるものです。

神田川はいまも、滔々と流れ、夕日を受け銀色に光っています。

人見知りで内気で口べただったあのときの青年は、いまその近くで暮らしています。


心を開かせる様々な手法を網羅してきました。

それは言語をテニスのように相手に打ち返し、戻ってくるボールをまた打ち返す、コミュニケーションを図る、ということでもあります。

コミュニケーションを円滑に図る最大のポイントは、好奇心を持つこと。相手への好奇心であり、森羅万象への好奇心です。

一度この世に生まれたからには、少しでも知らない世界をのぞいておきたい。だから人に会い、人から話を聞く。

人間は無視されることが一番つらいことです。

どんな人間でも、自分の話を聞いてもらいたがっているのです。

だからこそ、〝他者への好奇心〟は、心を開かせる最大のポイントになります。

タイトルが「心を開かせる技術」になっていますが、単なるテクニック的な技術ではなく、あくまでも心から相手を理解しようと欲する情熱こそが大事なのではないでしょうか。

あとがき

落ち合う場所に向かう途中足取りも重く、時には憂鬱《ゆううつ》にさえなるときもありますが、話を聞き終え、帰路につくときはいつも不思議と高揚しています。

どんな人間にも、必ずドラマがあるものです。

現実のテレビドラマは当たり外れがありますが、人間から聞いた半生のドラマは外れたためしがありません。

だから、人と会うのが得意でない私でも、長年インタビュアーを務めてこられたのでしょう。

言葉は運命を変え、人間を変えていきます。

ものすごいエネルギーを持った言葉と毎回直面してきた私は、ずいぶんたくましくなった気がします。

さすがに、人見知りで内気で口べた、などと言っていられない年齢になりました。

座談の名手呼ばわりされるほど変貌を遂げた私ですが、輪の外に連れていかれ立たされた小学3年生の自分が、時折、私の横で立っています。
いまも、インタビューの仕事は数多く舞い込んできます。
次は、あなたの話を聞かせてください。

二〇〇七年三月

本橋信宏

著者略歴

本橋信宏《もとはしのぶひろ》

一九五六年所沢市生まれ。早稲田大学政経学部卒。「バブル焼け跡派」を自称する。執筆内容はノンフィクション・小説・エッセイ・評論。著書に、自身の壮絶な体験を綴った『裏本時代』『AV時代』、連作短編小説集『フルーツの夜』(以上幻冬舎アウトロー文庫)、人妻ホテトル嬢の様々な人生を取材し、立花隆氏も推薦した『何が彼女をそうさせたか』(バジリコ)、『ニッポン欲望列島』(創出版)などがある。

幻冬舎新書 034

心を開かせる技術
AV女優から元赤軍派議長まで

二〇〇七年三月三十日 第一刷発行
二〇一二年十一月一日 第三刷発行

著者 本橋信宏

発行人 見城徹
編集人 志儀保博
発行所 株式会社 幻冬舎
〒一五一-〇〇五一 東京都渋谷区千駄ヶ谷四-九-七
電話 〇三-五四一一-六二一一(編集)
〇三-五四一一-六二二二(営業)
振替 〇〇一二〇-八-七六七六四三
ブックデザイン 鈴木成一デザイン室
印刷・製本所 株式会社 光邦

JASRAC 出0703059-703

検印廃止

Printed in Japan ISBN978-4-344-98033-4 C0295
も-1-1

幻冬舎ホームページアドレス http://www.gentosha.co.jp/
*この本に関するご意見・ご感想をメールでお寄せいただく場合は、comment@gentosha.co.jp まで。

幻冬舎新書

小山薫堂
考えないヒント
アイデアはこうして生まれる

「考えている」かぎり、何も、ひらめかない――スランプ知らず、ストレス知らずで「アイデア」を仕事にしてきたクリエイターが、20年のキャリアをとおして確信した逆転の発想法を大公開。

清水良典
2週間で小説を書く！

画期的！　小説の楽しみと深さを知り尽くした文芸評論家が考案した14のプログラムを実践することによって、確実に小説を書く基礎である文章力、想像力、構想力を身につけることができる本!!

日垣隆
すぐに稼げる文章術

メール、ブログ、企画書etc.　元手も素質も努力も要らない。「書ける」が一番、金になる――毎月の締切50本のほか、有料メルマガ、ネット通販と「書いて稼ぐ」を極めた著者がそのノウハウを伝授。

斉須政雄
少数精鋭の組織論

組織論の神髄は、レストランの現場にあった！　少人数のスタッフで大勢の客をもてなすためには、チームの団結が不可欠。一流店のオーナーシェフが、最少人数で最大の結果を出す秘訣を明かす！

幻冬舎新書

手嶋龍一　佐藤優
インテリジェンス 武器なき戦争

精査・分析しぬかれた一級の情報《インテリジェンス》が、国家の存亡を左右する。インテリジェンスの明らかな欠如で弱腰外交ぶりが顕著な日本に、はたして復活はあるのか。二人の気鋭の論客が知の応酬を繰り広げる。

浅羽通明
右翼と左翼

右翼も左翼もない時代。だが、依然「右―左」のレッテルは貼られる。右とは何か？　左とは？　その定義、世界史的誕生から日本の「右―左」の特殊性、現代の問題点までを解明した画期的な一冊。

香山リカ
スピリチュアルにハマる人、ハマらない人

いま「魂」「守護霊」「前世」の話題が明るく普通に語られるのはなぜか？　死生観の混乱、内向き志向などとも通底する、スピリチュアル・ブームの深層にひそむ日本人のメンタリティの変化を読む。

中川右介
カラヤンとフルトヴェングラー

クラシック界の頂点、ベルリン・フィル首席指揮者の座に君臨するフルトヴェングラー。彼の前に奇才の指揮者カラヤンが現れたとき、熾烈な権力闘争が始まった！　男たちの野望、嫉妬が蠢く衝撃の史実。